Editorial

Liebe Leserinnen und Leser,

Kalliste, Ile de la Beauté, Insel der Schönheit – Synonyme für Korsika aus mehreren Jahrtausenden. Dazu ein überall gern präsentiertes Wappen mit einem Mohrenkopf, wie für eine Piratenflagge erfunden. Und durch die Geschichten, die man sich auf Dorfplätzen erzählt, geistert noch immer die Vendetta, die Blutrache. Doch nur alte Männer sitzen auf den Bänken unter Kastanien oder vor steingrauen Häusern, schauen, die Hände über dem Stock gefaltet, aus den Adlerhorsten in den Bergen in die Täler. Oder hinunter auf das Meer, wo die Welt mittlerweile eine andere ist. Dorthin kommen rund über zwei Millionen Besucher jedes Jahr. Sie bevölkern die schönen Küstenorte mit ihrem südländischen Charme, schwimmen, segeln oder tauchen an Traumstränden mit kristallklarem Wasser. Sie wandern ein paar Wochen durch eine wilde und über weite Strecken ungezähmte Natur, klettern auf Berge, die immerhin mehr als 2000 Meter hoch sind, überqueren die eleganten Bögen mittelalterlicher Brücken.

Landschaft und Natur sind das Kapital der Insel. Abgesehen von den einzigartigen vor- und frühgeschichtlichen Hinterlassenschaften früher Inselbewohner gibt es hier nicht sonderlich viele Kunstschätze. Korsika war meistens arm, wurde immer ausgebeutet. Dessen ungeachtet, erobern junge Korsen sich ihre Heimat auf eigene Weise zurück, nutzen die korsische Sprache für die traditionelle Musik, wandern mit Theaterstücken über die Dörfer, feiern ihre Filmemacher und natürlich die eigenen Weine.

Diese Welt zu entdecken, empfiehlt Ihnen

Ihr HB-Bildatlas-Team

Am Strand von Tamariccio bei Palombaggio.

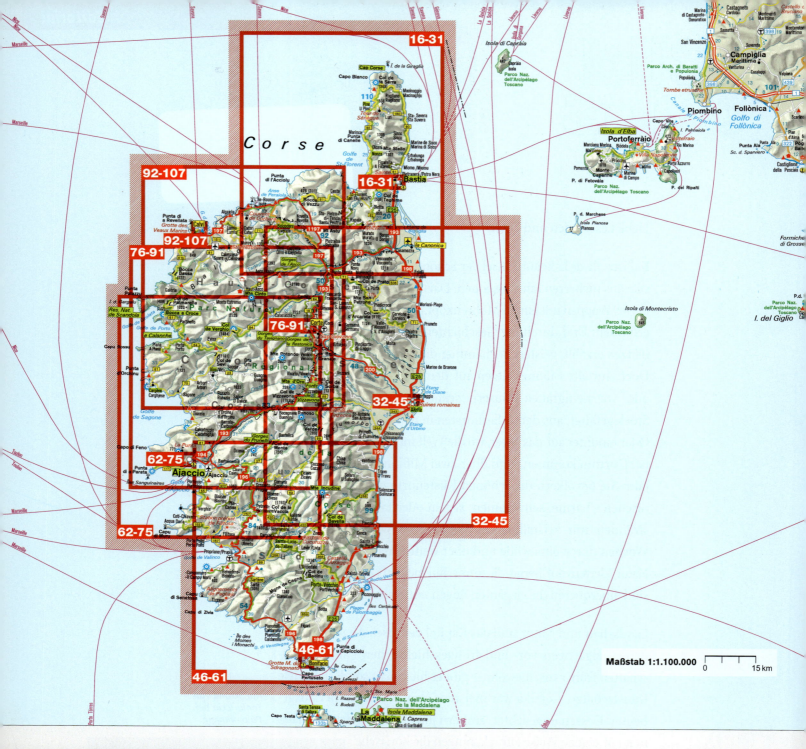

Eben noch am Strand, jetzt im Bergland mit alpinem Charakter: Zonza am Bavellamassiv

IMPRESSIONEN 6–15

Ein wunderbares Fleckchen Erde: Küstendramatik bei Bonifacio, Bergdorfszenerien in der Castagniccia und der Cinarca, Wanderparadies Cirque de Bonifatu und Korkeichen, eine der Inselspezialitäten für Europas Weinkenner.

BASTIA UND CAP CORSE 16–31

Die freundliche Festung

Der Hafen von Bastia ist das wichtigste Einfallstor für die Besucher, die aus Frankreich oder Italien kommen. Noch toskanisch mutet diese Stadt an, die ihren Namen von der Genuesenfestung – der Bastiglia – ableitet. Hier an der schmalsten Inselstelle beginnt nordwärts auch

Inhalt

das weinselige Cap Corse, ein schon viele der Landschaftsformen umfassendes Mini-Korsika.
Cityplan und Straßenkarte 30
Infos 31

CASTAGNICCIA UND OSTKÜSTE 32–45

Strand vor dem Gebirge

Wer nur Sonne, Sand und Salzwasser sucht – hier hat er an schier endloser Strandstrecke die Auswahl. Doch aus dem fruchtbaren Schwemmland erhebt sich ganz nah ein geheimnisvolles Bergland mit abgelegenen Dörfern, die in einer grünen Decke aus Eichen und Maronenbäumen nisten: die Castagniccia.
Straßenkarte 44
Infos 45

DAS SÜDLICHE DREIECK 46–61

Wie aus einem Bilderbuch

Am Ende der Sandküste fächert sich der Süden in von Pinien gesäumte Strandbuchten, schroffe Kalksteinkliffs und Granitformationen auf. Im Fjord von Bonifacio soll Odysseus auf gigantische Lästrygonen gestoßen sein. Sartène ist am Karfreitag Hochburg des Büßerkults. Die Bavella-Zinnen erinnern an die Dolomiten.
Cityplan und Straßenkarte 60
Infos 61

AJACCIO UND DIE WESTKÜSTE 62–75

Hier ist immer Kaiserwetter

Geliebt, geschmäht, verehrt und nun vor allem vermarktet: Napoleon I. wurde in Ajaccio geboren. Das ganze Jahr über schmückt sich die Kaiserstadt mit imperialen Namen, Ruhmessymbolen und viel Glitter. Ganz unvermutet trifft man in Cargèse auf ein altes Stück Griechenland.
Cityplan und Straßenkarte 74
Infos 75

VON PORTO ZUM MONTE CINTO 76–91

Rote Felsen und graue Gipfel

In den zerklüfteten Calanche zwischen Piana und Porto hat die Natur grandiose

Als der Tourismus begann: im Museum Corte

Skulpturen aus dem roten Porphyr gefräst. Landein wird – neben der Castagniccia – die Region von Evisa gerühmt für ihre Kastanienwälder. Das Sommerweideland des Niolo bewachen hoch aufragende Bergriesen wie der Cinto und der Paglia Orba.
Cityplan und Straßenkarte 90
Infos 91

CALVI UND DIE BALAGNE 92–107

Gartenland und GR 20

Zwischen zwei Steinwüsten öffnen sich bei Calvi und Ile-Rousse die Täler der Balagne. Ein ›Garten‹ Korsikas, oft vom Feuer verheert, aber nun wieder von Olivenbäumen silbrig-grün gefleckt. Umringt von einer Corniche, einer Höhenstraße und gut zwanzig Dörfern mit Meeresblick. Calvi und seine Zitadelle sind im Sommer ein Mini-St.-Tropez für Flaneure aller Länder. Im Hinterland beginnt der berühmte Trekkingpfad GR 20.
Cityplan und Straßenkarte 106
Infos 107

Anhang
Service – Daten & Fakten 108
Register, Impressum 113
Vorschau, lieferbare Ausgaben 114

Besuchen Sie uns im Internet:
www.hb-verlag.de

BESONDERS SEHENSWERT

Charaktervolles Centuri-Port 31
Der kleinste Cap-Corse-Hafen dient dem Langustenfang.

Polychromes in Murato 31
San Michele ist ein mittelalterlich-pisanisches Kirchenjuwel.

Aléria an den Austernlagunen 45
Punische, griechische und römische Ausgrabungsschätze zeigt das kleine Museum.

Bizarres Bavella-Massiv 45
Wildschafe klettern noch in den korsischen ›Dolomiten‹.

Zitadellenstadt Bonifacio 61
Teils hängt sie auf Kreidekliffs über dem Meer.

Fundstätte Filitosa 61
Dreieinhalb Jahrtausende alte Menhir-Statuen in einem fruchtbaren Tal.

Im Museum Levie 61
Insulare Vorzeitfunde und die ›Dame de Bonifacio‹.

Castellu di Cucuruzzu 61
Tief im Wald versteckt sich diese märchenhafte frühgeschichtliche Festung.

Iles Sanguinaires 75
Als ›Blutinseln‹ erscheinen sie bei Sonnenuntergang am Golfe d'Ajaccio.

Westküstenort Cargèse 75
Die griechisch-orthodoxe Kirche zeigt Ikonen und eine reiche Ikonostase.

Die rote Calanche 91
Von der Natur geschaffene, bizarre Felsskulpturen am Golf von Porto.

Musée de la Corse in Corte 91
Hier wird die Tradition der Hirtengesellschaft bewahrt.

Die Kathedrale in Calvi 107
Religiöse Kunstwerke in einer hellen Zitadellenkirche.

Kleines Sant' Antonino 107
Wie ein Adlerhorst ragen seine Häuser über den Dörfern der Balagne.

Bilderbuch-
strände aus
der Urzeit

Spektakuläre Küsten und feinsandige Strände bietet Korsika seinen Besuchern im Überfluss: Gebirgszüge aus Granit, Gneis und Porphyr reichen mit ihren Ausläufern bis ans Meer und zaubern im Westen und Süden die Traumkulissen hinter kleine Sandstrände, über tief eingeschnittene Buchten oder fallen als Steilküsten ins Meer (Foto: Korsikas südliches Ende bei Bonifacio). Nur im Nordosten läuft ein Schwemmlandstreifen kinderfreundlich flach ins Tyrrhenische Meer aus.

Die Heimat der korsischen Seele

Sie soll in den Dörfern liegen, die korsische Seele, in den Bergen der Castagniccia, Alta Rocca, Cinarca oder des Niolo (Foto: Castagniccia-Panorama mit den Bergnestern Carcheto links und Piedipartino rechts am Petrone-Massiv). Da trifft man dann einige wenige alte Männer auf den Bänken über dem Tal, vor der Kirche oder vor der Kneipe – falls es überhaupt eine gibt. Es mangelt an Arbeit. Die Bewohner müssen ihren Lebensunterhalt anderswo verdienen. Aber im Urlaub kommen sie zurück. Dann wird in den Küchen gebrutzelt, Rauch steigt aus den Schornsteinen. Und in den Kirchen ertönen die Orgeln.

Kalliste bleibt die Schönste

Da stimmen die Korsen von heute mit den Griechen von gestern überein, die ihre Insel die schönste im ganzen Mittelmeer nannten. Über ihre Zukunft jedoch sind sie uneins. Kann man wollen, dass viele Touristen der landschaftlichen Schönheiten wegen kommen? Im Prinzip ja, meinen viele, denen die Besucher das Einkommen sichern. Doch ausländische Investoren sind in Feriengebieten nicht willkommen. In Calcatoggio (Foto) hoch über der Cinarca ist die Welt noch in Ordnung . Hier geht das Leben den Gang, den es immer ging.

Wandern mit Anspruch

Man fängt klein an: ›Da Paese a Paese‹ werden die kleinen Rundwanderrouten genannt, die in zwei bis fünf Stunden von Dorf zu Dorf führen. Das stachelt den Ehrgeiz an, ›da Mare a Mare‹ von Meer zu Meer, kann so schwierig doch nicht sein. Drei Routen sind quer über die Insel markiert. Oder doch lieber ›tra Mare e Monti‹? Selten geht es höher als 1000 Meter, und der markierte Weg führt durch mehrere Orte. Am Cirque de Bonifatu (Foto) scheiden sich allerdings die Geister. Den ›Königsweg‹, den ›Grande Randonnée 20‹, den großen Korsika-Höhenweg entlang der Wasserscheide und abseits der Zivilisation, sollte man wirklich Geübten überlassen.

Wald ist Wirtschaft

Braunrot leuchtet der geschälte Stamm einer Korkeiche. Ihre Rinde gehört zu den wenigen Exportartikeln Korsikas. An der Ostküste wird er alle neun Jahre von den Eichen geschält – verarbeitet wird er allerdings auf Sardinien. Noch behauptet sich der Flaschenkorken für den guten Wein gegen den praktischen Schraubverschluss. Auch Korsikas fruchtige Clementinen an einem grünen Blatt als Markenzeichen, dazu Kiwis und Pflaumen stellen sich dem Konkurrenzkampf auf dem europäischen Markt. Doch jeder Streik der Fähren bringt die Produzenten in Absatznot.

Bastia und Cap Corse

Die freundliche Festung

Eine typisch korsische Stadt ist sie nicht – aber gibt es überhaupt typisch korsische Städte? Bastia könnte genauso gut auf dem Festland gegenüber, in Italien, liegen und ist doch voller historischer Spuren. So wie das Cap Corse, dessen Landschaft im Kleinen schon mal zeigt, was dann im Großen zu erfahren sein wird. Und am Fuß dieser Halbinsel, bevor das Land zur Steinwüste wird, wächst ein ganz besonderer Inselwein.

Riviera? An Bastias Altem Hafen wirkt die Stadt so italienisch wie sonst nirgendwo.

▲ Wo heute Sport- und Fischerboote dümpeln, lag Bastias Ursprung ▼ Alter Hafen als Kulisse: Bar am Wasser

▼ An der ›Promenade‹ reihen sich die Restaurants   ▼ Im Parfümmuseum ›Cyrnarom‹, Av. Émile Sari 29   ▲ Biera Corsa basiert auf Kastanien

Bastia und Cap Corse

Vor einer Stunde schon ist der Koloss aus dem Meer aufgetaucht, graublau, ließ etwas Grün ahnen. Helle Flecken, fast konturlos im Dunst, wurden für den Moment, in dem sich eine Kirchturmspitze ins Himmelbau reckte, zu fernen Dörfern, die gleich wieder verblassten. Die Fähre, als suche sie den Eingang in eine Festung, schiebt sich am Cap Corse entlang. Also die Augen schließen wie einst Napoleon, der Korsika allein am Duft erkannt haben soll. Ist es tatsächlich so, dass den Korsen das Herz schneller schlägt, wenn der bittersüße Duft der Macchia bis aufs Meer strömt?

Die Augen lenken die Nase ab. Die Fähre ist riesig, der Hafen scheint klein, und Bastia, die Italienische, klettert mit ihren Häusern neugierig den Berg hinauf. Kaum von Bord, stinkt es – pardon, aber es stimmt – nach Auspuffgasen. Eilige, wissend, wo es langgeht, verschwinden hinter dem ersten Kreisverkehr in den Tunnel, der unter der Altstadt hindurch Richtung Süden führt, und benutzen Bastia als Drehscheibe zwischen Meer und Land. Für Juli und August ist die Insel ›ausgebucht‹. Nur in Bastia sind noch Zimmer frei.

Bastias gute Stube

Platanen und Palmen beschatten die Terrassen der Cafés auf der Place St-Nicolas. Allesamt Treffpunkte – der Schüler, der Intellektuellen, der Arbeiter, der Nationalisten. Hier knüpfen Teenies zarte Bande und Politiker Fallstricke für die nächste Intrige. Napoleon, Korse in römischer Toga, sieht von einem Podest ungerührt übers Meer. Vielleicht nach Elba, das keine 50 Kilometer entfernt liegt. Am anderen Ende des Platzes zeichnet Schmerz das Gesicht der korsischen Mutter mit dem Sohn, den sie über dasselbe Meer in einen Krieg ziehen lassen muss. Rentner sind ins Boulespiel vertieft. Und wenn noch so viele Schiffe kommen, das ist ihnen keinen Blick auf die andere Straßenseite mit dem neuen Hafen wert. Die Zeit bleibt stehen.

Vielleicht ist sie auch längst stehen geblieben, und nur der Besucher nimmt das als Ereignis wahr, als ein Gefühl, das ihn in den nächsten Tagen und Wochen – je nachdem, wie lange er auf Korsika bleibt – nicht mehr verlassen wird. Es stellt sich

▲ Einst lebten um den Alten Hafen herum die Fischer   ▼ Bei ›L. N. Mattei‹: korsische Liköre

▼ Hier ist Bastia italienisch: Gassen an der Zitadelle

▲ Ohne Boule scheint das Leben undenkbar ▼ Versteckt: Oratoire Ste-Croix

Bastia und Cap Corse

▲ Die Place St-Nicolas mit Blick auf den Hafen ist das Zentrum Bastias

▲ Am Alten Hafen: Der Escalier Romieu verbindet Unter- mit Oberstadt ▼ Zitadelle über Bastia

beim ersten Café oder Pastis auf diesem Platz ein, der ein historischer Platz in bestem Sinne ist: uralter Richtplatz; Ort, an dem die Fremden anlegten, die Insel zu kolonisieren; Ort, von dem aus man die Insel verteidigte, ins Exil aufbrach – wegen der Regierung, wegen der Armut, des Mangels an Arbeits- und an Ausbildungsplätzen. Mussolinis Truppen marschierten hier ein (1942) und dann deutsche (1943). In den Trümmern, die amerikanische Bomben hinterlassen hatten, feierten die Korsen mit de Gaulle das erste befreite französische Département.

Italiens Erbe

Nein, Bastia ist kein Badeort, wie ihn Urlauber suchen, sondern eine mediterrane Stadt mit nach wie vor italienischem Flair, erinnert an Ligurien und an Neapel, mit hohen, fast düsteren Häusern in den engen Gassen der Terra Vecchia, die als Fischerhafen Porto Cardo begann. Zusammen mit einer Zitadelle, der Bastiglia, die der Stadt den Namen gab, schufen die Genuesen eine Terra Nova. Beide umarmen den Alten Hafen wie ein antikes Theater, in dem mittlerweile Jachten die Bühne beherrschen. Die unteren Ränge sind von Restaurants besetzt, und da wird gelacht und getuschelt, gegessen und getrunken in abendfüllender Länge. Das lenkt den Blick ab von rissigen Fassaden und bröckelndem Putz. Im warmen Licht der Laternen ragen die Türme der Barockkirche Saint-Jean Baptiste wie die perfekte Dekoration aus dem Zuschauerrund, um sich auf der Bühne – natürlich im Wasser – zu spiegeln.

Die Zitadelle über dem Alten Hafen mit dem abgeschlossenen Viertel Terra Nova, heute in warmem Rot, Ocker und Gelb restauriert, war schon vor 500 Jahren privilegierter Wohnsitz, von dem die Genueserfamilien oben auf die korsischen Fischerhäuser unten blickten. Damals war Bastia Inselhauptstadt. Seit 1975 ist die Stadt Sitz der Präfektur des Départements Haute-Corse und unbestritten wirtschaftliches Zentrum und Handelshafen der Insel.

Ein Finger gen Norden

Dem Cap Corse wird nachgesagt, es sei Korsika im Kleinen – nur gut 40 Kilometer lang und etwa ein Dutzend Kilometer

▲ Zwischen Bastia und Erbalunga: auch in Miomo ein Wachturm

▲ Stattlich und repräsentativ: ›Demeures d'Americains‹ bei Erbalunga

▼ An der Landspitze von Erbalunga wacht ein Genuesenturm

Bastia und Cap Corse

breit. Mit flacher Ostküste, steiniger felsenreicher Westküste und gebirgiger Mitte, zudem Zeigefinger nach Italien. Aber die Halbinsel ist schon etwas Besonderes: Nur hier – und in Bonifacio im Süden – haben die Korsen sich dem Wasser zugewandt, mit ihm und von ihm gelebt, gefischt und Handel getrieben.

Den Landsleuten südlich des Caps war das Meer nie geheuer, es brachte Unheil und Fremde – zumindest das zweite heute noch. Leute vom Cap aber richteten früh ihren Blick auf andere Küsten, machten ihr Glück in fernen französischen Kolonien und in Südamerika und kehrten zurück. Denn Korsen sind heimattreu. Aber sie brachten neue Ideen vom Leben mit und ließen sich neue Häuser, ›demeures d'Américains‹ bauen, wie man sie zum Beispiel in Sisco sieht.

▲ *Macchia bis ans Wasser: Cap Corse hat eine raue Küste*

SPECIAL

Eine Sicherungskette

Nirgends säumen sie so zahlreich die Küsten wie am Cap Corse: Genuesentürme, wahrhaftig nicht zum Schmuck gebaut, auch wenn sie sich so dekorativ in die Ortsbilder fügen. Von 85 Türmen – im 14. bis 16. Jahrhundert zum Schutz der Insel vor nahenden Barbaren, vielleicht aber eher zum strategischen und ökonomischen Nutzen ihrer genuesischen Erbauer, errichtet – haben 60 die Jahrhunderte überdauert. Wie eine Kette legen sich die meist runden, zwölf bis 17 Meter hohen Kleinfestungen um die Küste. Sie wurden in Sichtweite voneinander gebaut, eine perfekte Inselwache. Und ein Signalsystem soll einst ermöglicht haben, dass eine Nachricht die Insel in lediglich zwei Stunden umrundete.

▲ *Südlich Bastia: ...*   ▼ *... Basilica la Canonica mit modern wirkendem Detailschmuck*

Für ein Sommerleben

▬ Nur winzige Häfen, weiß gebleichte Steine, auf denen Sonnenhungrige braten, ein Eckchen Kies, unterbrechen die Ostküste des Caps. Das hübsche Erbalunga hat's geschafft: Die Tageszeitung verkündet französische Stars als Sommergäste. Wie unzählige andere Orte scheint es erst mit Beginn der französischen Sommerferien im Juli wirklich zu erwachen. Dann sind zwar noch nicht alle Gerüste von den frisch verputzten Häusern abgeräumt, aber

▲ *Abweisend und auf der Hut: Cap-Corse-Küste bei Marina di Negru*   ▼ *Hoch gestaffelt: Nonza vor den Asbestbrüchen*

▲ *Nonza: Der Besitzer scheint weit*

Bastia und Cap Corse

▲ Ein Bilderbuch-Fischerort mit touristischen Zugeständnissen: Centuri-Port

▲ Hier geht die Sonne spät unter: Uhrturm von Canari   ▼ Schiefer färbt Nonzas Strand schwarz

immerhin ist ein Unterhaltungsprogramm für zwei Monate vorbereitet: Musik und Theater wird es geben, Künstler stellen Bilder und Skulpturen aus, Wanderungen zu Fuß und zu Pferde, Tennis, Klettern und Tauchen stehen auf dem Programm. Der ›Pirat‹ hat Saisonkräfte eingestellt – ›vom Kontinent‹, weil qualifiziertes Personal auf Korsika nicht zu finden war. Und vom Kontinent kommen auch Korsen, um im Urlaub mit dem einen oder anderen Geschäft auszuprobieren, ob eine Rückkehr lohnt.

Die ursprünglichen Ansiedlungen auf dem Cap Corse liegen dem Zugriff vom Meer aus entzogen in den Bergen, die bis zu 1300 Meter hoch sind. Und wenn am Ende der schmalen Wege zu den Häfen hier ein Restaurant, da eine Bar, ein Hotel, Häuserzeilen liegen, dann eben auch, weil das Cap Corse vom Kuchen, der Tourismus heißt, etwas abhaben möchte.

Wovon leben?

■ Vielleicht ist Wein die Zukunft der Gegend. Fisch jedenfalls ist es nicht mehr, sagt Pierrot Tolaini aus Centuri, mehr als 70 Jahre alt und Zeit seines Lebens Fischer wie sein Vater und dessen Vater. Mit weißem Bart und bretonischer Schiffermütze ist er heute der Fernsehstar des Ortes, Teil der Folkloresendungen, die er mit seinem Akkordeon begleitet: Von der großen Zeit der Langustenfänge erzählt er dann, die man gleich vor dem Hafen greifen konnte. Heute müssen die Fischer mit Motorbooten zwei Stunden und länger hinausfahren. Doch was sie mitbringen, ist mit den Fängen seiner Zeit nicht zu vergleichen. Ein Jahr, sagt er, brauchen Langusten, um nur 100 Gramm zuzunehmen. Um ihren Bestand nicht zu gefährden, haben sich die Fischer auf eine jährlich Schonzeit geeinigt.

Wo die untergehende Sonne den winzigen Hafen von Centuri-Port in eine romantische Kulisse verwandelt, vor der man in angemessen kleinen Restaurants die frischen Fische kosten kann, die sich eben noch – in unglaublicher Fülle – vor der Kaimauer getummelt haben, führt ein Weg hinauf in die Berge und nach Rogliano an der Weinstraße, Heimat des Muscat du Cap Corse.

▲ *Im Hintergrund die Bucht von St-Florent: Patrimonio mit seinen Weinbergen* ▼ *Weinlese in Patrimonio, im Gegensatz zur Ostküste noch per Hand*

Bastia und Cap Corse

Korsika-Kaleidoskop

Vergessen – das ist wohl ein Schicksalsbegriff auf Korsika. Die Steinwüste der Agriate lässt vergessen, dass hier am Fuß des Caps, im Nebbiu, einst vor allem Getreide angebaut wurde, Quelle bescheidenen Wohlstands. Nun beweiden Schafe, Ziegen und Rinder das karge Grün. Und ein Weingut keltert Blanc und Rosé: Clos Teddi nennt es sich nach der griechischen Meeresnymphe Thetis. Der Rest ist steinige Macchia, rund 160 Quadratkilometer groß und eine ganz eigene Welt.

▲ Domaine Leccia bei Patrimonio: Inmitten der Weinberge stehen Ölbäume mit Erntenetz

▲ St-Florent kultiviert ein bisschen Côte d'Azur – ... ▼ ... auch beim Pastis

SPECIAL

Korsikas neuer Wein

Auch wenn die Griechen schon vor mehr als 2000 Jahren Reben nach Korsika gebracht hatten, das sei lange her und ihre Nutzung zwischendurch wohl in Vergessenheit geraten. So spotteten zumindest die Korsen, als sie 1973 erfuhren, dass es in den Kellereien an der Küste auch Wein ganz ohne Trauben gab, nur mit Zucker, Wasser und aus Italien importiertem Most. Und dann war da noch der gepanschte Wein von Aléria, von dem noch zu erzählen sein wird. Jedenfalls hatte der korsische Wein seit diesen Zeiten keinen erstrebenswerten Ruf mehr. In Patrimonio, das seit 1968 und damit am längsten seine Weine mit dem Gütesiegel ›Appellation d'Origine Contrôlée‹ (AOC) schmücken darf, besann man sich zuerst auf alte Traubensorten, auf bekannte, wenn auch kleine Lagen und traditionelle Keltermethoden und hatte wieder Erfolg. Aber das dauerte seine Zeit. Immerhin: Im Juli 2009 feiert Luri schon sein zwanzigstes Weinfest ›fiera di u vinu‹ mit Verkostung einfacher und AOC-Weine, korsischer Musik und einem Markt typischer Inselprodukte.

▼ St-Florent ist immer im Trend: Kitesurfer in der Bucht

Aber die Wüste lebt: Im Frühjahr duftet es hier besonders intensiv. Und es gibt Quellen und kleine Wasserläufe. Am Küstensaum bietet der alte Zöllnerpfad Wanderern in restaurierten Schäfereien Unterschlupf. Eine abenteuerliche Felspiste führt zum südseehaften Strand von Saleccia. Doch nach Regengüssen sind die Senken kaum passierbar, und bei Starkwind ist die Zufahrt wegen Feuergefahr verboten.

▲ Eine ›Wüste‹ aus sonnendurchglühtem Fels und Macchia: Désert des Agriates mit Monte Genova

▼ Muratos Kirche ist schon ...

▲ Ein bisschen Südseetraum: Plage de Saleccia   ▼ Noch genutzt: ›Stazzu‹ bei Oletta

Bastia und Cap Corse

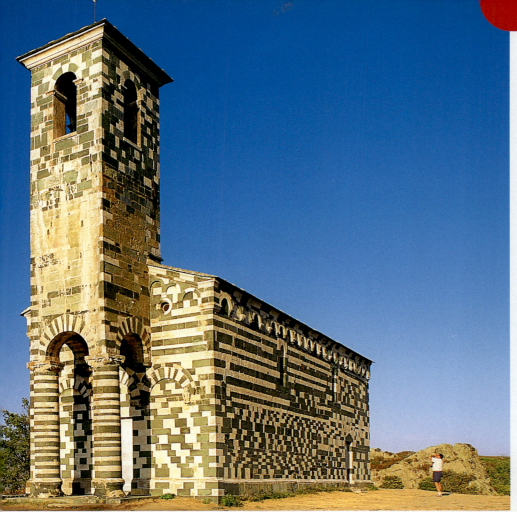

▲ ... ihrer grafischen Wirkung wegen ein Schmuckstück

▲ Auf den ersten Blick ein Dorf wie viele andere: ...   ▼ ... Lama hat sich Besuchern geöffnet

Fremde halten vor der hübschen Kirche San Michele die Murato, die zweifellos extravagant, aus dunkelgrünem Schiefer und weißem Kalkstein, an toskanische Kirchen erinnert. Sie liegt nur einen kurzen Ausflug vom quirligen, fast mondänen Badeort St-Florent entfernt. Ein kleines St-Tropez, sagen die Franzosen – und betonen ›klein‹.

Asbestabbau bis 1965 hat dem Ort Nonza an der Westküste einen metallisch grauen, schattenlosen Strand hinterlassen, zu dem man an die hundert steile Stufen hinunterklettern muss. Atemberaubend die Lage des zinnenbewehrten Wehrturms aus grünen Schieferblöcken, der auf einem Felsvorsprung balanciert. Die Häuser scheinen sich gegen Wind und Meer zu stemmen. In Nonza, sagt man, lässt man sich auch mit diesem einzigartigen Blick nach Westen beerdigen.

Das Lama-Projekt

Ein wirksames Programm gegen das Vergessen hat das Dorf Lama mit seinen steilen mittelalterlichen Gassen und Treppen, hoch, sehr hoch über dem Ostriconi, entwickelt. Wie eine Blüte in der Wüste wächst der Ort, dessen Balkone und Gärten mit üppigen Blumenarrangements geschmückt sind, über schmalen, steinigen Straßen aus kahlen Bergen. Parkplätze sind angelegt, denn Ende Juli zieht hier ein Freiluft-Festival des Europäischen Films eine Woche lang Urlauber und Einheimische ins Vorgebirge.

Lama mit heute 130 Einwohnern hat sich zum Familien-Ferienort entwickelt. Kinder spielen, eine Ausstellung im zum Museum renovierten 200 Jahre alten Pferdestall zeigt Bilder und Gesichter aus der Vergangenheit. Über dem auffallenden Haus Bertola im Zentrum thront auf florentinisch inspirierten Säulen eine Aussichtsterrasse wie aus einer anderen Welt. Gestern noch lebte Lama tatsächlich in einer anderen Welt. Als ein Großfeuer 1971 35 000 Olivenbäume vernichtete, die bis dahin das Auskommen des Ortes garantiert hatten, wussten die damals 60 Einwohner nicht weiter. Ein paar Jahre hat es dann noch gedauert, bis sie sich ins Abenteuer Tourismus stürzten. 30 Familien waren bereit, ihre Türen Fremden zu öffnen.

Bastia und Cap Corse

Infos

BASTIA

Das wirtschaftliche Zentrum Korsikas (39 000 Einw.) liegt an der Nordostküste der Insel zwischen Cap Corse und dem Étang de Biguglia. Bastia wurde am Ort einer Römersiedlung um 1380 von den Genuesen um den Alten Hafen herum gegründet, war bis 1791 Hauptstadt Korsikas und ist seit 1976 Verwaltungssitz des Départements Haute-Corse.

Sehenswert: Place St-Nicolas heißt der Ende des 19. Jh. angelegte Treffpunkt der Müßiggänger gegenüber dem Hafen. An der Rückseite des Platzes einer der ältesten Läden Bastias (Cap Corse Mattéi, Boulevard du Général de Gaulle 15), wo alle auf der Insel produzierten Aperitifs verkauft werden. In der Rue Napoléon die **Oratoire St-Roch** (17. und 18. Jh.; dem Schutzheiligen der Pestopfer gewidmet) mit schöner Orgel von 1750. 50 m weiter die **Chapelle de l'Immaculée-Conception** (um 1600); hinter dem Chor ein kleines Museum sakraler Kunst (tgl. 8–19 Uhr). Am Alten Hafen **St-Jean-Baptiste**, die Kirche mit den beiden Türmen (bis 1666) und Herz des Quartiers Terra Vecchia. **Zitadelle** (15. und 17. Jh.) und Quartier de Terra Nova sind durch den **Jardin Romieu** (abends geschl.) erreichbar. Dort **Gouverneurspalast** (15. bis 18. Jh.; mit Völkerkundemuseum, bis Herbst 2009 wegen Restaurierung geschl.) und **Kathedrale Ste-Marie** (15.–17. Jh.) mit reicher Ausstattung. Die **Oratoire St-Croix** (18. Jh.; durch die Rue de l'Hospice erreichbar) gleicht mehr dem Salon Ludwigs XV. als einer Kirche und birgt den schwarzen Christ des Miracles, 1428 von Fischern gefunden; am 3. Mai wird ›Cristu Negru‹ mit einer Prozession gefeiert.

Veranstaltungen: Im Juli und Aug. **Themenführungen** vom Office du Tourisme (Barock-Promenade, Genuesenzeit, Literarische Spuren, 19. Jh., Alter Hafen und Terra Vecchia, Widerstand). **Festival klassischer und moderner Musik** an den schönsten Plätzen (2. Juni-Hälfte). ›**Ablösung des Gouverneurs**‹, eine pompöse Zeremonie in alten Trachten aus der Genuesenepoche (2. Juli-Sa.). ›**Les Musicales de Bastia**‹ (2. Okt.-Woche) mit Klassik bis Jazz, Tanz und Theater.

Umgebung: Étang de Biguglia (5 km südl.), 1700 ha großer Brackwassersee und seit 1994 Vogelschutzgebiet hinter einer Strandnehrung. Besichtigung der **Brasserie ›La Pietra‹**, einer der drei korsischen Brauereien, die Kastanienbier herstellen (10 km südl., Route de La Marana; Mo.–Fr. 14.00–17.00 Uhr). Die **Basilica la Canonica** (25 km südl.) wurde als bescheidene Kathedrale auf dem Grund einer römischen Veteranenkolonie neben Resten eines frühchristlichen Baptisteriums (4. Jh.) aus polychromen Cap-Gestein errichtet und 1119 geweiht (Ausgrabungsarbeiten). Eine Stele am nahen **Flughafen Poretta** erinnert daran, daß der Schriftsteller Saint-Exupéry als Pilot der französischen Befreiungstruppen im Juli 1944 hier zu seinem letzten Flug startete, bei dem er ins Meer stürzte.

ⓘ Office Municipal de Tourisme, Place St-Nicolas, F-20200 Bastia, Tel. 0495542040, Fax 0495542041, www.bastia-tourisme.com

CAP CORSE

Der Finger Korsikas nach Norden, etwa 40 km lang und zwölf bis 15 km breit, wird von einer Bergkette mit Höhen von bis zu 1037 m (Monte Stello) durchzogen. Von Entwicklungen der Neuzeit verschont, verzeichnet das Cap eher bescheidenen Tourismus. Die Bewohner leben von der Weinproduktion (u. a. den Muskatwein Cap Corse), Schaf- und Ziegenhaltung und Fischfang.

Sehenswert: Erbalunga (Gemeinde Brando) ist ein hübsches Dorf mit einem dekorativ zerstörten Genuesenturm und Refugien verschiedener Künstler. Die Familie des Dichters Paul Valéry war hier beheimatet. 17 Weiler gehören zur Kommune **Luri** an einer der zwei Straßen, die die Halbinsel von Osten nach Westen durchquert; Senecaturm (mittelalterliche Ruine) mit schönem Ausblick. Kirchen, Burgruinen und ein Friedhof mit mächtigen Grüften in **Rogliano**. Gegenüber Barcaggio die **Ile de la Giraglia**, nördlichster Punkt Korsikas. **Centuri-Port** ist ein Bilderbuch-Fischerdorf. In **Canari** eine pisanisch-romanische Kirche (12. Jh.). **Nonza** mit Wachturm aus Serpentin-Schiefer auf einem Felsensporn hoch über schwarzem Kieselstrand.

Aktivitäten: Wandern auf dem ›Zöllnerpfad‹ rund um die Kapspitze.

Veranstaltungen: Osterprozession am Gründonnerstag in Erbalunga. **Musikfestival** (Anf. Aug.). **Weinfest** in Luri (1. Juli-Wochenende). **Fête de Ste-Marie** mit illuminiertem Dorf am Abend des 15. Aug. in Nonza. Lavasina südl. Erbalunga wird im Sept. (1. Woche) zum **Pilgerziel**; die Veranstaltungen enden am 8. Sept. mit einer Prozession zur Kirche Notre-Dame.

ⓘ Communes du Cap Corse, Maison du Cap, F-20200 Ville-di-Pietrabugno, Tel. 0495310232, Fax 0495317585, www.destination-cap-corse.com

PATRIMONIO

Das Dorf am Fuß des Cap Corse war Wegbereiter bei der Rückbesinnung auf insulare Weinbau-Tradition. Im umliegenden Anbaugebiet werden Rot-, Rosé-, Weißweine und Muskateller gekeltert; sieben Gemeinden dort dürfen Qualitätsweine mit dem AOC-Siegel vermarkten. Weinkellereien laden zur Besichtigung ein.

Sehenswert: An der Straße zur Kirche steht die **Menhir-Statue ›U Nativu‹**, 3000 Jahre alt und erst 1964 entdeckt.

Veranstaltung: Internationales **Festival ›Nächte der Gitarre‹** im letzten Julidrittel (Tel. 0495370119).

SAINT FLORENT

Die Hauptstadt des Nebbio (1500 Einw.), zwischen Cap Corse und Désert des Agriates zählt in der Hochsaison das Zehnfache ihrer Bewohner. Ehemals römischer Handelsplatz, Jahrhunderte Bischofssitz und von Genuesen im 15. Jh. neu gegründet.

Sehenswert: Die kleine **Zitadelle** von 1568 ist auch für Ausstellungen geöffnet. **Santa Maria Assunta** (1 km vom Zentrum, ausgeschildert; Schlüssel beim Office du Tourisme) ist eine romanische ›Tochter‹ der Canonica; in einem Glassarg die Reliquien des St-Flor, eines römischen Märtyrers aus dem 3. Jh.

Aktivitäten: Im Sommer mit Boot ›Popeye‹ zum feinen **Agreatenstrand Lotu** (Tel. 0495371907). Zwei sehr schlechte Wege führen in dem Désert des Agriates von der D 81 zum wunderschönen **Strand von Saleccia** (45 Min. mit dem Auto), ebenso weit zum **Strand von Malfalco**.

Veranstaltungen: Prozession mit dem Stadtheiligen St-Flor (alle drei Jahre, wieder Pfingstmontag 2006). Drei Tage Anfang August ›**Porto Latino**‹, ein Festival lateinamerikanischer Rhythmen (Tel. 0612912679).

Umgebung: Vor **Murato** (17 km südw.) die Kirche **San Michele**, Perle des Nebbio; die kleine romanische Kirche (um 1280) ist wie viele toskanische Kirchen aus polychromen Quadern erbaut, grünem Serpentin aus dem nahen Bevinco-Tal, hellen Nuancen aus Nebbio-Kalkstein. Mit einer reichen, teils naiven, teils mystischen Ornamentik im Kranzgesims und den Arkaden.

ⓘ Office de Tourisme, Route du Cap Corse, F-20217 St-Florent, Tel. 0495370604, Fax 0495370604

LAMA

Der Hauptort des Ostricnitals liegt an einem Felshang. Selten sieht man Mittelalter so schön herausgeputzt. Alte Häuser wurden zu Ferienwohnungen.

Veranstaltung: Anf. Aug. **Europäisches Festival des Films und der ländlichen Welt**.

ⓘ Office de Tourisme Alti d'Ostriconi, F-20218 Lama, Tel. 0495482390, Fax 0495482396

Castagniccia und Ostküste

Strand vor dem Gebirge

Nirgends liegen moderne Zeiten mit Endlosstränden, Feriensiedlungen, Weinmonokulturen und das Gestern mit der Einsamkeit zum Teil verlassener Bergsiedlungen so nah beieinander. Römische Spuren verlieren sich an der Küste in Aléria, längst übertönt von dem, was Franzosen die ›Korsische Krankheit‹ nennen und Korsen ›Kampf um Unabhängigkeit‹. Erst allmählich erschließt sich das Bergland einem sanften Tourismus.

Abgelegenheit war gleichbedeutend mit Sicherheit. Campodonico gilt als höchstes Dorf der Castagniccia – und ist heute fast verlassen.

▼ Barocke Pracht in der Klosterkirche von Alesani   ▲ Im Hintergrund das Meer: Cervione und seine Kirche

▲ ›Canapé Corse‹ im Salon eines Hauses in Pastoreccia

Castagniccia und Ostküste

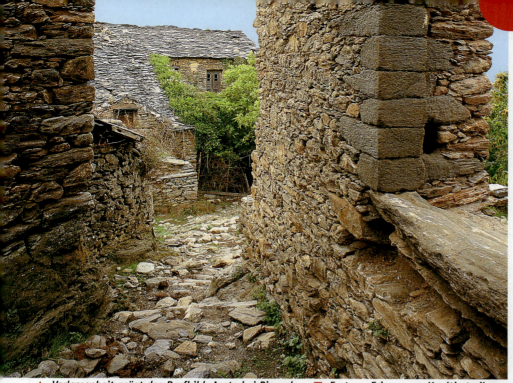

▲ Verlassenheit prägt das Dorfbild: Aosto bei Piazzole   ▼ Fast nur Erinnerung: Maultiertreiber

▲ Sicherheit: Turmhaus in Pastoreccia   ▼ Typisches Castagniccia-Dorf: Fontana bei Piedicroce

Wie weit ist es von einer Welt in eine andere, zum Beispiel von heute nach gestern? Auf Korsika manchmal fünfeinhalb Kilometer. Dann hat man bei Prunete der flachen sandigen Küste der Strandurlauber den Rücken gekehrt, ist den Windungen der Straße bis Cervione gefolgt, steht vielleicht im Wolkengrau am Rande des Abhanges des Monte Castello, und unten glitzert Sonne auf dem Tyrrhenischen Meer. Ein bisschen länger ist es von Moriani-Plage über die Corniche, die sich schmal durch Kastanienwälder schlängelt und an Wasserfällen und der Barockkirche San Nicolao vorbeiklettert.

Auf königlichen Spuren

In Cervione ist nicht viel Platz, eng schmiegen sich die Häuser aneinander. Im Bischofspalast neben der Kirche – dem Pfarrer ist ein Parkplatz reserviert – residierte knapp neun Monate lang der bislang einzige König Korsikas. Theodor von Neuhoff aus Westfalen war im März 1736 mit einem englischen Schiff in Aléria gelandet, mit großem Pomp – in scharlachrotem Seidenkaftan, maurischen Hosen und mit spanischem Federhut, Säbel und Zepter – und internationalem Gefolge.

Er kam in eine Notsituation. Hungersnot im Land und unerbittliche genuesische Steuereintreiber hatten dazu geführt, dass Korsika seine Unabhängigkeit erklärt hatte, auf die Genua mit einer Seeblockade antwortete. Nun kam der Glücksritter, Getreide, Waffen und Munition an Bord – und 3000 Paar Schuhe, gewillt, all das gegen Königswürden und eine Krone aus Lorbeer und Eichenzweigen einzutauschen. Doch bereits im November verließ er gescheitert die Insel. Nachschub für den Kampf gegen Genua, wie er versprochen hatte, war nicht gekommen. So hinterließ er nur eine Fülle von Adligen, deren Titel er samt kleinerer Privilegien großzügig verliehen hatte, und eigene Münzen.

Er raucht nicht mehr

Dem Kastanienland Castagniccia und der verhältnismäßig dicht besiedelten und fruchtbaren Casinca gleich südlich des Industriegebietes von Bastia gilt die besondere Liebe vieler Korsikafreunde. Aber sie nützt ihr wenig. Man fährt hindurch auf

▲ Abseitige Kirchenpracht: La Portas Kirchturm, ...   ▼ ... St-Pierre-et-St-Paul in Piedicroce

▼ Madame Berini in Felce: Canistrelli aus Kastanienmehl

Castagniccia und Ostküste

▲ Bei Piedicroce liegen im Wald verborgen die Ruinen des Couvent d'Orezza

▲ Edelkastanien, einst Reichtum der Castagniccia ▼ Feuchtigkeit lässt die Kastanien gedeihen

der Suche nach der Seele Korsikas, die bekanntlich in den Dörfern lebt. Aber viele Dörfer scheinen verlassen. Und so bieten sie auch kaum Übernachtungsmöglichkeiten. Nur an den Wochenenden steigt hier und da Rauch aus einem Schornstein, und mancher Weiler belebt sich erst in den Ferien für die Zeit eines Familientreffens.

Maultierpfade durchziehen die Macchia des ehemaligen Zentrums der Widerstandskämpfer, die Kastanienwälder sind licht geworden. Braun kräuseln sich die Blätter schon im Juni, von einer andauernden Pilzkrankheit befallen. Es bedarf keiner übermäßigen Phantasie, in den hohen Steinhäusern die Fluchtburgen der Bevölkerung vor Eroberern, Seeräubern und Malaria zu erkennen. Denn erst nach dem Zweiten Weltkrieg haben Amerikaner die bis dahin unbewohnbare Küste mit DDT von Malariamücken befreit. Manchmal sitzen einige alte Männer auf den Bänken des Dorfplatzes oder vor einer Bar, dann und wann tatsächlich im Schatten einer Kastanie.

Eine eigenwillige Delikatesse

Kastanienmehl, Kastanienkuchen, Kastanienkekse, Kastanienbier und sogar Kastanieneis werden überall auf Korsika als Delikatesse oder Souvenir angeboten – man muss den etwas eigenen Geschmack mögen. Als die Genuesen am Ende des Mittelalters die Esskastanie nach Korsika brachten, wurde sie zum Brotbaum und zur Ernährungsgrundlage für den Winter. Nirgends gedieh sie so gut wie hier, wo ihr Erde und Klima besonders behagten. 150 000 Tonnen wurden 1880 geerntet, genug also auch für den Export. Ernte und Verarbeitung hatten sich in Jahrhunderten nicht verändert.

Nach dem Ersten Weltkrieg brach dieser Wirtschaftszweig fast abrupt ab – Krankheiten, Entvölkerung, die halb wilden Schweine, die billige Einfuhr von Weizenmehl, jeder hat eine andere Erklärung für den Niedergang der Kastanienkultur. Jedenfalls wurden die Bäume nicht mehr gepflegt und gaben zunächst doch noch mehr Früchte, als selbst die Schweine bewältigen konnten. Etwa 2500 Tonnen produziert man heute. Kinder sammeln sie im Herbst. Dann werden sie in schwarzen

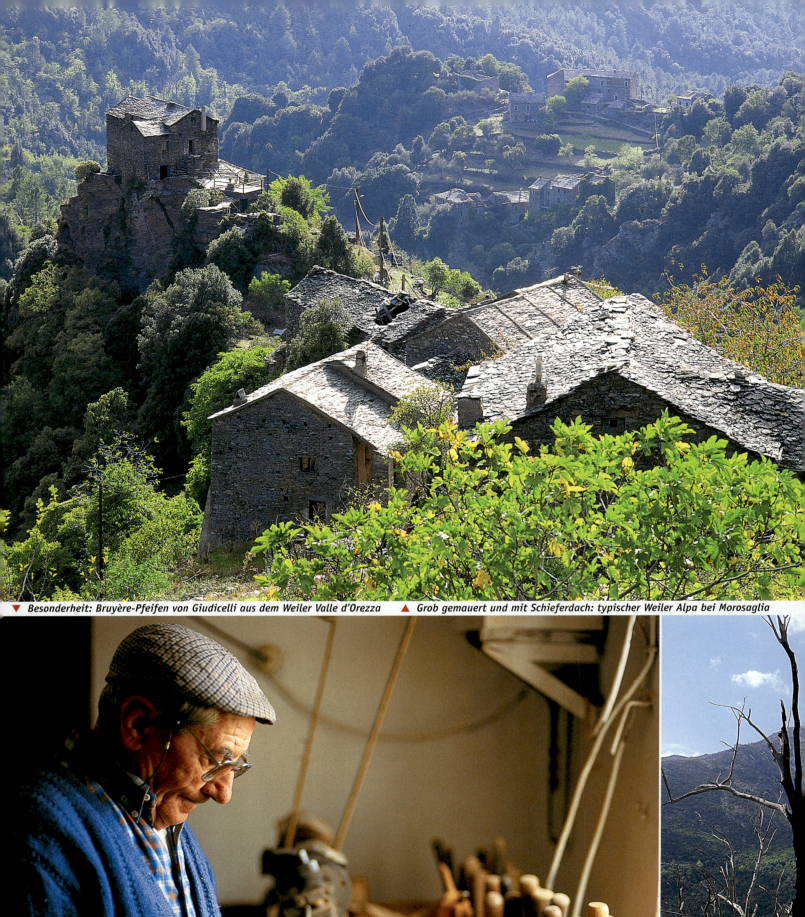

▼ Besonderheit: Bruyère-Pfeifen von Giudicelli aus dem Weiler Valle d'Orezza   ▲ Grob gemauert und mit Schieferdach: typischer Weiler Alpa bei Morosaglia

Castagniccia und Ostküste

Töpfen mit Löchern geröstet. Noch heiß und mit einem Glas Rosé schmecken sie köstlich. Auf dem Markt allerdings werden manchmal auch Kastanien aus dem Languedoc oder Italien angeboten.

Heilend und erfrischend

▬ Richtung Campana wächst frisches Grün aus einer mächtigen Ruine: Kloster Orezza. 1944 sprengten deutsche Truppen den Treffpunkt korsischer Freiheitskämpfer der Unabhängigkeitsbewegungen des 18. Jahrhunderts, weil das Kloster als Munitionslager diente. Höhepunkt seiner Geschichte war jedoch das Jahr 1790, als sich der ›Vater der korsischen Nation‹, Pasquale Paoli, und Napoleon Bonaparte hier trafen. Der ›Babbu di u patria‹ war 1725 ganz in der Nähe in Morosaglia geboren worden. Sein Geburtshaus ist heute Museum, und als Statue bleibt er gegenwärtig.

▲ Frei lebende Voll-, Halb- oder Viertel-Wildschweine ...   ▼ ... sind eine beliebte Jagdbeute

▼ Höchster Gipfel in der Castagniccia: der Monte San Petrone mit seinen 1767 Metern

> **SPECIAL**
>
> ### Kirchen einst und heute
>
> Wie ein Balkon hängt Piedicroce über dem Kastanienwald, und am Ende einer Terrasse oberhalb des Tales erhebt sich die Barockkirche Ste-Pierre-et-Paul, reich dekoriert, mit der wahrscheinlich ältesten Orgel der Insel und groß genug, die Bevölkerung der ganzen Castagniccia aufzunehmen. Und im nahen La Porta steht eine noch größere Kirche, mit ihrem 45 Meter hohen Turm weithin sichtbar. Zeichen einer rückläufigen, meist nur noch von Frauen praktizierten Frömmigkeit. Die Männer dagegen führen die Prozessionen an.

Der Ort Orezza, dessen Name lange Zeit ein inseleigenes, eisenhaltiges und schmackhaftes Mineralwasser zierte, galt als Paolis ›Kurort‹. 1896 wurde Eaux d'Orezza ein richtiges Thermalbad mit Bädern, Massagesälen und Duschen. In den 1930er-Jahren kamen Engländer, und im benachbarten Stazzona trafen Kurgäste sich im Casino. Dann verfiel der Kurort – das Quellwasser, dem das Eisen nun entzogen wird, ist heute als inseleigener Sprudel wieder begehrt.

Wenn es einsam ist in den Bergen, dann nicht nur, weil die Einwohner nach ›Übersee‹ gegangen sind, nach Marseille und

▲ Seit 2000 Jahren eine regionale Köstlichkeit: Austern – hier im ›Aux Coquillages de Diana‹ am Étang de Diane

▲ Aléria: etruskisches Maultierkopf-Trinkgefäß ...

▲ ›Hôtel de la Solenzara‹: Traditions-Sommerfrische

▼ ... und Vase im Museum des Fort de Matra

Castagniccia und Ostküste

▲ Gegensatz zum Cap Corse: An der Ostküste wird der Wein mit industriellen Methoden angebaut

▲ Korsikas Badewanne: Die Ostküste ist meist flach ...   ▼ ... und daher bei Familien beliebt

sonst wohin, eben der Arbeit nach. Manche arbeiten auch unten an der Küste, verleihen Liegestühle und Surfbretter. Schnurgerade, fast 70 Kilometer lang zwischen Bastia und Aléria, zieht sich die einzige wirkliche Ebene Korsikas: ›la plaine orientale‹, langweilig im Vergleich zum abwechslungsreichen Bergland, gäbe es nicht für die Sonnenanbeter feinsten Sandstrand – und Aléria.

> **SPECIAL**
>
> ### Die römische Erinnerung
>
> ›Alalia‹ war die Kapitale des antiken Korsikas, eine griechische Gründung auf einer Anhöhe über dem Tavignano und so alt wie Marseille. 300 Jahre später, um 280 v. Chr., eroberten Römer die Insel von hier aus und hinterließen, dank einer 1920 begonnen Ausgrabungsstätte, die einzige Attraktion des Ortes. Wer allerdings ein korsisches Pompeji erwartet, wird enttäuscht sein. Immerhin lassen Grundmauern und einige Säulen die Umrisse der antiken Stadt über dem einstigen Hafenfluß Tavignano erkennen, in der nacheinander Phokäer, Etrusker, Karthager, Römer und Genuesen siedelten.

Ärger im Obstgarten

Wie mit dem Lineal gezogen erstrecken sich die grünen Linien der Reben fast bis ans Meer. Auf 6000 Hektar einstigem Schwemmland werden zwei Drittel des Weines und fast alles Obst Korsikas erzeugt. Schüsse fielen im August 1975 vor dem Weinkeller von Henri Depeille. Mit der Besetzung seines Weingutes machten Korsen, mit Jagdflinten bewaffnet, ihrem anhaltenden Unmut Luft. Das fruchtbare Land war vorwiegend an repatriierte Algerienfranzosen vergeben und die ›Piedsnoirs‹ mit großzügigen Krediten ausgestattet worden. Die legten Weinmonokulturen an und halfen sogar mit Zucker nach, wenn die Erträge nicht den Erwartungen entsprachen. Die Panscher ruinierten damit nicht nur den Ruf des korsischen Weins, sondern auch den Kleinbauern das Geschäft. Aber was sich hier entlud, war mehr, war der jahrzehntelang aufgestaute Zorn über Benachteiligung, Unterdrückung der korsischen Sprache, Überfremdung,

▲ Ein wenig Dolomiten: Landschaft am Col de Bavella   ▼ Das Bergland ist Wanderland

▼ Zu Fuß ist ist man vielerlei Begegnungen sicher

Castagniccia und Ostküste

Kolonialisierung. Korsika wollte Unabhängigkeit und unterstrich die Forderung von nun an mit Bomben.

Im Bann der Märkte

Die Attentate schreckten jahrelang viele Touristen ab. Doch seit ihrem Rückgang haben die Urlauber nichts mehr zu fürchten, die Untergrundbewegungen, deren Graffiti hier und da noch neu gesprüht werden, sind teils aufgelöst, teils verharren sie in Waffenruhe. Einige begnügen sich mit nächtlichen MP-Salven gegen Gendarmerie-Stationen. Ihre parlamentarischen Repräsentanten setzen auf eine politische Lösung, doch die lässt trotz Annäherungsversuchen der Pariser Regierungen auf sich warten. Dabei geht es immer wieder auch um die Probleme, die der Landwirtschaft durch die Insellage entstehen.

Die Regeln des Marktes sind hart und auf einer kleinen Insel mit einer überalterten Bevölkerung kaum zu erfüllen. Grüner Tourismus wird als neues Zauberwort für die verlassenen Gegenden gehandelt, die Fremden suchen schließlich die grüne Einsamkeit. Man überlegt, wie sie vom ›blauen‹ Tourismus am Meer in die Berge zu locken sind. Aber dann muss man Landschaftspflege betreiben, und dazu gehört eine aktive Landwirtschaft.

Die korsischen Dolomiten

Der Naturpark im Landesinneren scheint die Vision zu bestätigen. Im Bavellamassiv mit den bizarren roten Felstürmen bahnen sich Hunderte Besucher einen – meist kurzen – Weg über Wiesen in die Berge. In einer guten Stunde erreicht man den Trou de la Bombe, das Loch, das die Natur in die Felswand gezaubert hat. Wer den Weg bis zum Ende geklettert ist, hat eine Vorstellung davon, dass die Grandes Randonnées, die großen Wanderwege, kein Sonntagsausflug sind.

Wer kein begeisterter Klettermaxe ist, findet unterhalb des Gebirges, das wie eine Riesenhand in den Himmel ragt, eine Fülle weniger anspruchsvoller Wanderwege durch die Alta Rocca. In 500 bis 800 Metern Höhe kann man sich darauf verlassen, nach zwei- bis dreistündigem Weg in ein Dorf zu gelangen. Vielleicht nach Zonza, 784 Meter hoch gelegen.

▲ Ghisoni mit den Gipfeln Kyrie Eleison und Christe Eleison ▼ Défilée de l'Inzecca

Castagniccia und Ostküste
Infos

VESCOVATO ①

Bedeutendstes Bergdorf der Casinca, des fruchtbaren Hügellandes zwischen den Flüssen Golo und Fium' Alto, und im 15. und 16. Jh. Bischofssitz der Insel. Die einstige Kapelle San Martino wurde in dieser Zeit zur Kirche ausgebaut und entsprechend ausgestattet.

Umgebung: Aussichtspunkte mit weiten Blicken über die Küstenebene sind **Penta-di-Casinca** und **Castellare-di-Casinca** (beide südöstl.).

LA PORTA ②

Schon von weitem sieht man im Grün der Castagniccia, einer mit der nördlichen Casinca etwa 100 km² großen Bergregion zwischen den Tälern der Flüsse Golo und Alesani und bis zum Berg San Petrone, den mächtigen Campanile.

Sehenswert: Ebenso überdimensioniert wie der **Campanile** (1720; 45 m hoch) wirkt auch die barock-schnörkelige Kirche **Saint-Jean Baptiste** (1707) für heute nur noch 250 Einw. Im Sommer öffnen sich die Kirchentüren für Orgelkonzerte.

Umgebung: Das Bergdorf **Morosaglia** (6 km nordw.) ist der Geburtsort von Pasquale Paoli (1725–1804); Korsikas ›Vater des Vaterlands‹, der 1755–1769 einen unabhängigen Inselstaat führte, ist ein Museum in seinem Geburtshaus gewidmet; hier ruht unter einer schweren Platte auch seine Asche (Mai–Sept. tgl. 9.00–17.30, sonst 9.00–16.30 Uhr).

PIEDICROCE ③

Im Zentrum der Castagniccia und über dem Orezza-Tal gelegen, beeindruckt das Dorf mit seiner auffallend großen Kirche.

Sehenswert: An einem Platz am Dorfrand steht die **Kirche Ste-Pierre-et-Paul** (18. Jh.); Petrus und Paulus bewachen den Altar, und fröhliche Putten musizieren. Am Ortsausgang Richtung Campana (hinter Stacheldraht) die Ruine des **Klosters von Orezza**, im 18. Jh. gegründet und bereits während der Französischen Revolution geschlossen, Quartier des Widerstandes gegen die Genuesenherrschaft, 1790 Treffpunkt von Pasquale Paoli mit Napoleon Bonaparte und 1944 als Waffenlager gesprengt.

Aktivitäten: **Wandern** über Stazzona zur Orezza-Quelle (4 km).

Umgebung: **Campodonico** (hinter dem Kloster links steigt ein Weg hinauf) liegt malerisch am Fuß des San Petrone (1767 m, ca. 4 Std. hin und zurück) 850 m hoch, mehr Weiler als Dorf.
Im Juli und Aug. präsentiert der **Marché d'Arcarotta** am Straßenpass der D71

zwischen Felce und Carcheto-Brustico jeden So. alles, was die Castagniccia an Produkten und Kunsthandwerk zu bieten hat – darunter Bruyère-Pfeifen aus dem Wurzelholz der Baumheide.

ⓘ Office de Tourisme de la Castagniccia, F-20229 Piedicroce, Tel. 0495358254, Fax 0495584101

CERVIONE ④

Am Rand der Castagniccia liegt 326 m hoch über der Küste wie ein Balkon der hübsche Ort (1500 Einw.), in den schon ein Bischof seinen Sitz verlegt hatte und der auch kurze Zeit königliche Residenz Theodor von Neuhoffs war. Zur Gemeinde Cervione gehört auch der Jachthafen Campoloro zwischen Feriendörfern.

Sehenswert: Die barocke **Kirche St-Erasme** besitzt Wandverkleidungen aus Kastanienholz und eine wohlklingende Orgel aus dem 18. Jh. Hinter dem Namen Musée de l'ADE-CEC schräg gegenüber der Kirche verbirgt sich ein schönes ethnologisches Museum in den Räumen eines ehem. Priesterseminars (Mo.–Sa. 9.00–12.00 und 14.00–18.00 Uhr).

Umgebung: **Moriani-Plage** (9 km nordöstl.) wäre wie **Prunete**, **Bravone** und die meisten Küstenorte im Osten der Insel ohne besonderen Reiz, gäbe es nicht einen kilometerlangen feinen, flach ins hier meist ruhige Meer abfallenden Sandstrand, der bei Familien und FKK-Anhängern sehr beliebt ist.

ⓘ Office de Tourisme de la Costa Verde, Route de la Plage, F-20230 Moriani-Plage, Tel./Fax 0495384173, www.corsicacostaverde.com

ALÉRIA ⑤

Korsikas antike Hauptstadt lag an der Ostküste über der Tavignanomündung, der moderne Ort (2000 Einw.) liegt unterhalb und endet vor Weinmonokulturen, die, hin und wieder von Obstplantagen unterbrochen (Verkauf vom Erzeuger), das einstige Schwemmland des Küstenstreifens bedecken. Um 560 v. Chr. von griechischen Phokäern gegründet, verließen die Siedler den Ort nach einer Schlacht gegen Etrusker und Karthager 535 v. Chr. Ab 259 v. Chr. von Römern besiedelt, im 1. Punischen Krieg vermutlich zerstört, wurde sie um 80 v. Chr. neu befestigt, erhielt Aquädukt, Forum und Amphitheater und beherbergte um 20 000 Menschen. Im 5. Jh. wurde die Stadt von Vandalen zerstört und endgültig verlassen. Erst 1920 begann die Freilegung des antiken ›Alalia‹ und ist noch nicht beendet.

Sehenswert: Der Spaziergang über das **Ruinenfeld** beginnt beim Archäologischen Museum im Fort de Matra, einer kleinen Genuesenburg aus dem 16. Jh. Ausgestellt sind Grab-

beigaben, Vasen, Pläne der Gräber, Münzen aus römischer und vorrömischer Zeit. Es bedarf einiger Vorstellungskraft, auf dem römischen Ruinenfeld ein trapezförmiges Forum, Tempelgrundmauern, Reste einer Badeanlage und eines einstigen Fabrikgeländes, dessen Funde auf Fischverarbeitung schließen lassen, wieder auferstehen zu lassen; eine Geschäftsstraße hat es gegeben und ein kleines Mausoleum (Mai–Okt. tgl. 8.00–12.00 und 14.00–19.00, sonst Mo.–Sa. bis 17.00 Uhr).

Umgebung: Nördl. der **Étang de Diane**, heute eine Salzwasserlagune, einst römischer Hafen, in der nun Austern, Muscheln und Fische gezüchtet werden. Geerntet wird heute für Korsika und Italien; von Juni bis Sept. ist ein schwimmendes Restaurant geöffnet. Südl. (5 km) liegt der etwas größere **Étang d'Urbino**, der ebenfalls vorwiegend zur Austernzucht genutzt wird, und auch hier gibt es ein schwimmendes Restaurant.

ⓘ Casa Luciani, F-20270 Aléria, Tel. 0495570151, Fax 0495570379.

GHISONACCIA ⑥

Ghisonaccia (3000 Einw.) ist die ›Kapitale‹ der ›Plaine orientale‹.

Aktivitäten: Der Ort ist Ausgangspunkt des **Wanderweges ›Mare a Mare Centre‹** (sechs Etappen bis Ajaccio, orange markiert). Die Naturparkverwaltung hat hier auch kurze Wanderwege gekennzeichnet, die allerdings wenig genutzt werden (›**Sentiers de Village à Village**‹); schön sind die Wege am Fium' Orbo entlang, grüne Serpentinen ziehen sich Richtung des Bergdorfes Ghisoni durch die Berge. Lohnend ein Ausflug auf der D 344 zuerst durch Weinfelder und dann durch die enge **Défilée de l'Inzecca**.

ⓘ Office de tourisme, Route nationale, F-20240 Ghisonaccia, Tel. 0495561238, Fax 0495561986.

SOLENZARA ⑦

Ein Stückchen Römerstraße, ein großer Jachthafen, ein wunderbarer Blick ins Gebirge zum Bavellamassiv oder auf über 20 km Sandstrand, Sandstrand – ein betriebsamer Badeort für Sonnenhungrige.

Umgebung: Die 30 anstrengenden Kilometer auf schmaler Straße hinauf zum **Col de Bavella** (1218 m) sind ein Muss während eines Inselaufenthaltes: schöne Stopps an Badeplätzen der Solenzara und imposante Blicke – das zieht viele an

ⓘ Office de Tourisme de la Côte des Nacres, F-20145 Sari Solenzara, Tel. 0495574375, Fax 0495574359, www.cotesdesnacres.com

Maßstab 1:300.000

15 km
12,5
10
7,5
5
2,5
0

44
45

Das südliche Dreieck

Wie aus einem Bilderbuch

Bonifacio, Porto-Vecchio, Propriano begrenzen das Dreieck, das mit weißen Steilküsten vor türkisblauem Meer, mit zauberhaften feinsandigen Strandbuchten vor fernen Inseln und Schatten spendenden Pinien für sich wirbt. Alles geschönt? Keineswegs. Aber hinter der typischen Urlaubskulisse werden auch Korkeichen geschält, tragen in Sartène Büßer schwere Last, und bei Levie lässt sich anschaulich erfahren, dass auch auf Korsika Vergangenheit mehr ist als Vendetta, als Blutrache.

Strände wie der von Tamariccio bei Palombaggia sind Natur gewordene Urlaubsträume.

▲ Porto-Vecchio: Die Hauptstraße Cours Napoléon ist mit Boutiquen gesäumt ▼ Am äußersten Ende der Altstadt: Bastion de France

▲ ›U Tafonu‹ im Cours Napoléon mit korsischen Spezialitäten ▼ Rast an der Kirche

Das südliche Dreieck

Die Griechen waren entzückt. Sanftes Hellblau, leuchtendes Türkis, sattes Dunkelblau, fast schwarz – ein wirklich zauberhaftes Stückchen Küste hatten sie da entdeckt. Das war 833 vor unserer Zeitrechnung. Mögen auch Dünen den schönen Golf noch nicht gesäumt, Pinien ihn vielleicht nicht wie immergrüne Sonnenschirme beschattet haben, es gab sicher schon die schlafenden Steinriesen. Sie liegen grau und rosa im Wasser, um die wunderschöne Bucht von Porto-Vecchio in kleinere Portionen zu teilen, bis sie sich, jede einzelne voller Freude entdeckt, zu einem atemberaubenden Stück korsischer Küste fügen.

Die Griechen kamen aus Syrakus, legten hier einen Hafen an und nannten den schönen Ort Port Syracuse. Trotz wechselnder Herrschaften, der Name blieb. Erst die Genuesen, die sich 1539 hier niederließen, um die Region zu unterwerfen, bauten ihre letzte korsische Festung über dem für sie alten Hafen – Porto-Vecchio.

Der Süden ist Ferienland

Hafen und Meer sind die Attraktionen der Region geblieben. Auch wenn die Zeiten vorbei sind, in denen von hier Schiffe, beladen mit Holz und Kork, Kastanien, Wein, Honig, Salz, Käse oder Leder, auf die Reise nach Italien, Sardinien und in die Provence gingen. Heute empfängt der Hafen bis zu 500 Schiffe – aus aller Welt und auf einmal. Mehr Platz gibt es für Jachten nicht.

Von den etwa zwei Millionen Korsika-Touristen jeden Sommer versammeln sich fast 70 Prozent in dem Dreieck, das Porto-Vecchio, Bonifacio und Propriano bilden. Große Ferienanlagen, eher Luxussiedlungen und diskret im allgegenwärtigen Grün versteckt, sind der Reichtum einer Gemeinde, deren Bewohner sich jahrhundertelang aus Angst vor Malaria am ersten Sommertag in die schützenden Wälder aufmachten.

Vom Herbst bis zum Frühjahr ist die Altstadt im Schutz der Festungsmauern mit den hohen Häusern an Kopfsteinpflastergassen so verträumt, wie es die alten Schwarzweiß-Filme in der neuen Cinemathek zeigen. Von einem Tag auf den anderen explodiert zu Beginn der Saison die Ein-

▲ *Die Place de la République ist ein einziges Café*   ▼ *Jachtengedrängel im Hafen von Porto-Vecchio*

▲ Urlaubswelt des ›Grand Hôtel Cala Rossa‹

▲ Ein lohnendes Ziel: der Wasserfall Piscia di Gallo ▼ Auf dem Weg zum Wasserfall ▲ Facharbeit: Lösen der Korkrinde

Das südliche Dreieck

▲ Ungestört beim Tai-Chi beim Fischerdorf Pinarellu ▼ Strand des ›Grand Hôtel Cala Rossa‹

wohnerzahl. 8000 Korsen sind plötzlich in der Minderheit. Babylonisches Sprachgemisch macht die zentrale Place de la République mit den vielen Cafés bis in die Nacht zum wuseligen Bienenkorb.

Porto-Vecchio ist längst darauf eingerichtet. Hübsche kleine Läden verkaufen Wurst, neueste Mode und Korallenketten. Fischer von gestern bieten auf ihren neuen schönen Schiffen Meerpromenaden an und werfen die Angel zum Vergnügen der Touristen aus, die die am einsamen Strand gegrillte Beute als Höhepunkt eines Ferientages genießen. Schon lange reichen die vor der Küste gefischten Langusten für den saisonalen Bedarf nicht aus, man importiert.

Reichtum vergangener Zeiten

Auf den Salzfeldern der ›cité du sel‹, Garant des Reichtums einer anderen Zeit, wird erst ab September gearbeitet. In der Nähe des Handelshafens steht eine kleine Fabrik, in der schon seit Jahren Tücher gut geölte Maschinen zur Korkverarbeitung abdecken. Wunderschöne Eichen- und Kastanienwälder und ausgedehnte Macchiaflächen gehören zur 17 000 Hektar großen Gemeinde, deren Gebiet bis hinauf in den Naturpark und zum Distrikt Alta Rocca reicht. Korkernte ist mittlerweile fast zum Kunsthandwerk geworden, und die fünf noch existenten Betriebe suchen qualifizierte Arbeiter in Sardinien, wohin der korsische Kork auch zur Verarbeitung geschickt wird.

Noch ist einer von hundert Korken, die weltweit Flaschen verschließen, auf Korsika gewachsen. Von Ende Mai bis Mitte Juli werden Korkeichen geschält, dann produzieren die wunden Stämme noch eine Schutzhaut. Eine spätere Ernte würde die Bäume in der heißen Sommersonne austrocknen lassen. Ohnehin brauchen sie neun bis zehn Jahre, bis sich die Rinde erneuert hat.

Die Touristen-Festung

Tourismus ist die Haupteinnahmequelle auch von Bonifacio, dessen Häuser verwegen über die gut 60 Meter hohe schneeweiße Kreidesteilküste ragen, von einem unverschämt blauen Meer um- und beunruhigend unterspült. Nur zwölf Kilometer

▲ Cafés und Restaurants: Quai Comparetti

▲ Wohnen am Abgrund: Bonifacio auf Kreidefelsen   ▼ Eine ›Stadt‹ für die Verstorbenen: Cimetière marin   ▲ ›Grain de Sable‹   ▼ Karfreitag in Bonifacio

Das südliche Dreieck

Meerenge trennen Korsika hier von Sardinien. An 300 Tagen im Jahr bläst der Wind um das Kap. Windmühlen treibt er nicht mehr an. Er nagt an den Häusern, die sich in den engen Gassen der Oberstadt drängen. Die Festungsmauer umgibt hier die Zitadelle, Kasernen, Friedhof und Kloster. Die Häfen liegen ohnehin im Schutz eines Fjordes, fast anderthalb Kilometer tief in den Kalkstein gefräst. Von der Rampe de Marine, die in die Oberstadt führt, sieht man hinunter auf die Kreideklippen und den Felsen ›Grain de Sable‹ (Sandkorn), exquisiter Sonnenplatz oder auch Sprungturm für ganz Mutige. Und als ob das der atemberaubenden Anblicke nicht genug wäre, wartet eine Fülle von Grotten in den Felsen mit Lichtspielen in allen Regenbogenfarben auf.

Fast unnötig zu erwähnen, dass dies zauberhafte Stückchen Erde in strategisch außerordentlich günstiger Lage durch alle Zeiten Eroberer anlockte. Schon Odysseus ist, so bei Homer nachzulesen, hier knapp den Menschen fressenden Lästrygonen entkommen. Spuren der Besiedelung jedenfalls sind uralt. Die ›Dame von Bonifacio‹, im Museum von Levie zu besichtigen, wurde vor 8500 Jahren schon begraben – und 1972 erst entdeckt.

Das Mittelalter lebt

■ Bewegende Szene an einem Sommernachmittag an der Zitadelle: Eine ungeduldige Menschenmenge erwartet die Prozession der Bruderschaft von Saint-Barthélémy. Die Menge teilt sich. Außer Atem, nachdem sie die steilen Gassen zur ersten Buße durcheilt haben, lassen sich die Prozessionsteilnehmer die 850 Kilo schwere Bürde ihres hölzernen Heiligen auf die Schultern laden – wie ihre Vorfahren im Mittelalter. Die Gesichter ernst, verschlossen. Man spürt die Qual. Bis zur Kirche Saint-Dominique wird die heilige Last geschleppt. Die Menge applaudiert, und wenn die Figuren endlich abgeladen sind, erreichen Freude und Jubel ihren Höhepunkt.

Die mittelalterliche Tradition der Bruderschaften lebt seit einigen Jahren nicht nur in Bonifacio wieder auf. Auch wenn die Zahl der Zuschauer manchmal die der Prozessionsteilnehmer übersteigt, so ist es

▼ Von allen Seiten führen enge Altstadtgassen auf die zentrale Kirche Ste-Marie-Majeure zu

▲ Nordwestlich Bonifacio: Bis heute ist die Einsiedelei als Ermitage de la Trinité ein Kloster

▼ Tizzano: ›Chez Antoine‹ serviert prächtige Langusten

▼ Der kleine Fischerort Tizzano wird gern von Sportschiffern und Tauchsportlern aufgesucht

▼ Ferienhäuser direkt am Sandstrand: Porto Pollo

Das südliche Dreieck

▲ Imposant: Genuesenturm von Campomoro   ▼ Chevanu-Plage bei Caldarello

doch mehr als religiöse Folklore, die sich in den regelmäßigen öffentlichen Veranstaltungen der fünf örtlichen Bruderschaften, je einer der fünf Kirchen zugeordnet, offenbart. Die einst reichen und mächtigen Bündnisse, moralische Instanz der Gesellschaft und Garanten der Solidarität in ihrer Gemeinschaft, gewinnen Zulauf. Und nicht nur Nationalisten besinnen sich auf die Traditionen ihrer Insel.

Ähnlich wie bei den Nachbarn Italien und Spanien ist von Calvi bis Bonifacio der Karfreitag Höhepunkt der religiösen Rituale. Über Korsika hinaus bekannteste Prozession ist Sartènes ›U Catenacciu‹. Der große Büßer, in rot leuchtendes Gewand gehüllt und von den Zuschauern unerkannt, trägt mit den 30 Kilo des Kreuzes und den 15 Kilo einer Fußkette eine meist schwere Schuld ab. Wie Jesus fällt er drei Mal und erhebt sich wieder, ein weiß gekleideter Büßer hilft ihm dabei. Hinter ihnen tragen sieben schwarz gekleidete Büßer, die Juden symbolisieren, eine aufgebahrte Christusfigur. Kerzen flackern gespenstisch in den Fenstern, wenn der Zug mit Klagegesang dem ächzenden Büßer durch die Altstadt folgt.

Steingewordenes Korsika

▬ Das eisenbeschlagene Kreuz und die rostige Kette kann man sonst in der Kirche Ste-Marie besichtigen. Offen steht die Tür zur großen Place Porta, wie sie alle nennen und die eigentlich Place de la Libération heißt. Kinder spielen, die Alten sitzen auf den Bänken und beobachten die Touristen – sind sie gekommen, das Gruseln zu lernen?

In den hohen schwarzen Granithäusern war lange die Vendetta, die Blutrache, zu Hause, erst 1834 wurde sie durch einen Vertrag in der Kirche offiziell beendet. Hier fand der Dichter und Schriftsteller Prosper Mérimée, der die Insel fünf Jahre später als oberster Denkmalschützer des ›Bürgerkönigs‹ Louis-Philippe bereiste und später als Autor von ›Carmen‹ Weltruhm erwerben sollte, den Stoff für sein Sippendrama ›Colomba‹. Nichtsahnend enthüllte er dabei ein Detail, das in der ›korsischsten aller korsischen Städte‹, wie er Sartène nannte, noch zu einem späten Rachemord führte.

▲ Eng, mit verwinkelten Treppen und Durchgängen: Sartène aus Granit

▲ Die Karfreitagsprozession von Sartène findet ihre Zuschauer

▲ ›Pferderücken‹: die Genuesenbrücke Spin' a Cavallu   ▼ Torre Vecchia in Fozzano

Das südliche Dreieck

Unerforschte Vergangenheit

● 18 Kilometer südlich und an einer hier endenden Straße liegt auf Sartenser Gebiet Tizzano. Ein kleiner Hafen, zwischen Felsen versteckt, klares Wasser und kleine schattenlose Strände. Auf dem Weg dorthin deutet, ganz unauffällig, ein kleines Schild darauf hin, dass auf dem Gelände der Domäne Masconi Korsikas größte Menhir-Sammlung steht. Die 258 Hinkelsteine von Pagliaju, Obelix hätte sie als Spielzeug verspottet. Und auf dem nahen Plateau von Cauria stehen Megalithen, steinernen Menschen ähnlich, über deren Bedeutung Wissenschaftler noch rätseln.

SPECIAL

Die Spur des Todes

Phantasie – sie entzündet sich im mittelalterlich anmutenden Olmeto über dem Golf von Valinco, wo Brandspuren den Rock der Colomba schwärzen, auch wenn sie nur das Wirtshausschild einer Ruine schmückt. Prosper Mérimée hat die Vendetta-Heldin, der mehrere Morde zugeschrieben werden, mit seinem gleichnamigen Roman zur schönen Rachegöttin verklärt. 58 Jahre zählte sie, als er sie kennen lernte, eine alt gewordene, verhärmte Frau, deren einziger Sohn Opfer derselben Rachsucht wurde, die auch sie erfüllte. Als sie 1861 in Olmeto eines natürlichen Todes starb, war sie 96 Jahre alt. In Fozzano in den Hügeln, in den engen Gassen zwischen den hohen Granithäusern, kann man sich die verfeindeten Familien, zu denen die der Colomba zählte, gut vorstellen. Was die Fehde ausgelöst hat? Wer weiß das schon.

Auch in Filitosa hat man vor 3500 Jahren Menschenbilder in Stein gehauen – um den Seelen eine Wohnstatt zu geben, verblichene Vorfahren nachzubilden? Und dann stehen dort noch Krieger, ein Schwert ist zu erkennen, ein Harnisch angedeutet – um Feinde abzuschrecken? Seit einem Jahrzehnt erst bieten sie den Archäologen die steinerne Stirn. Viele der prähistorischen Steine waren in Feldern begraben, von Gras überwuchert, und als sicher gilt heute, dass die meisten wohl als heidnische ›Götzen‹ vergraben oder als Baumaterial genutzt wurden.

▲ ›Großer‹ Büßer in Rot, ›kleiner‹ Büßer in Weiß   ▼ Sartènes Place de la Libération

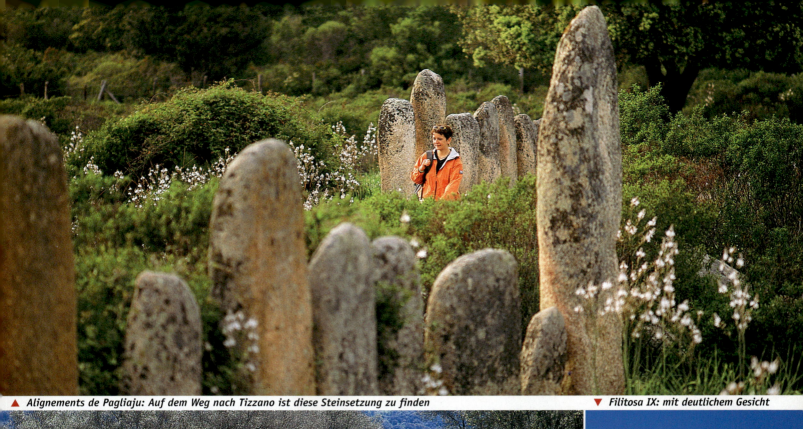
▲ Alignements de Pagliaju: Auf dem Weg nach Tizzano ist diese Steinsetzung zu finden   ▼ Filitosa IX: mit deutlichem Gesicht

▲ Festung aus prähistorischer Zeit: Filitosas ›Westmonument‹   Großsteingrab aus der Bronzezeit bei Cauria   ▼ Filitosa V: mit Schwert und Dolch

Das südliche Dreieck

Der Beginn war sehr einfach

● Manche Wissenschaftler schreiben es der Macht – und dem gezielten Desinteresse – der Kirche zu, dass man auf Korsika erst so spät begonnen hat, sich mit der Erforschung der prähistorischen Funde zu befassen. Sieben Jahrtausende vor unserer Zeitrechnung, so nimmt man an, soll Korsika bereits besiedelt gewesen sein. Von Jagd und Fischfang müssen die Menschen gelebt haben. Tausend bis zweitausend Jahre jünger sind Steine, die als Werkzeuge gedient haben könnten, und fast gleichaltrig Scherben und somit Reste von Gefäßen. Aus dem Schutz großer ›Tafoni‹ sind die Menschen dieser Zeit in erste selbst gebaute Hütten gezogen und haben, so vermutet man, im sechsten Jahrtausend vor Christi schon dörfliche Gemeinschaften gebildet. Castelli genannte Rundburgen schützten diese Siedlungen.

Moos bedeckt die Riesensteine von Cucuruzzu. Capula wurde bis ins 12. Jahrhundert bewohnt. Araggio war das größte ›Castellu‹ dieser ›torreanischen‹ Epoche. Man durchwandert eine Welt aus Granit, von der Bronze- bis zur Eisenzeit und lässt – per Kopfhörer – sich in Gedanken und Gesänge einer unvorstellbar fernen Zeit entführen. Das Museum in Levie gibt der Phantasie mit seinen archäologischen Funden neue Nahrung.

▲ Weiter Blick von der Torreanerfestung Araggio   ▼ Mitten in der Macchia: Castellu Capula

Die wechselhaften Schönen

● Zwischen Bonifacio und Sardinien liegen Hunderte von Inseln und Inselchen im tiefblauen und türkisfarbenen Meer. Der Archipel, die wohl bekannteste Granitsammlung vor der Küste, ist seit 1981 unter Schutz gestellt. Wind und Wetter haben die Steine zu Fabelwesen geschliffen. Boote und Bötchen sind im Sommer hier unterwegs. Dass den Schönen bei windigem Wetter nicht zu trauen ist – und es ist oft windig vor Bonifacio –, daran erinnert eine Pyramide auf der Insel Lavezzi, die dem Archipel den Namen gab. Sie ruft das Schicksal des Dreimasters ›La Sémillante‹ ins Gedächnis, der am 15. Februar 1855 mit 773 Menschen an Bord unterging. Alphonse Daudet erzählt in den ›Lettres de mon moulin‹ davon. Bei ruhigem Wetter aber sind wunderschöne Badebuchten zu entdecken.

Das südliche Dreieck
Infos

PORTO-VECCHIO ①

Drittgrößte Stadt Korsikas (10 600 Einw.) auf einem Hügel über dem Golf. Handels-, Fischerei- und Jachthafen liegen dem Touristenzentrum zu Füßen. Der Flughafen Figari ist nur 20 km entfernt, Korsikas schönste Strände sind auf kurzen Wegen zu erreichen. Die beliebteste Touristengegend der Insel ist auch die teuerste. An die griechische Gründung in vorchr. Zeit erinnert heute so wenig wie an den Hafen der Römer. Die Befestigungsanlagen, heute Attraktion des Ortes, stammen aus genuesischer Zeit (16. Jh.). Befreiungskämpfe (Sampiero Corso, 1564) brachten keinen Erfolg. Piraten und Malaria blieben die stärksten Feinde – die Malariamücke wurde Ende der 1950er-Jahre mit DDT überwunden.

Sehenswert: Zur **Porte Génoise** führt hinter der Kirche (1868) am zentralen Platz des Ortes ein schmales Sträßchen; man blickt über Golf und Salinen. Im Archiv der **Cinemathek** werden alle von Korsen und über Korsika gedrehten Filme aufbewahrt (Casa di Lume, Espace culturel Jean-Paul de Rocca Serra, Tel. 0495707141).

Aktivitäten: Der **Wanderpfad ›da Mare a Mare Sud‹** (orange markiert, mit Übernachtungs- und Verpflegungsstops) führt in 6 Tagesetappen zu 5 Std. auch für wenig Geübte nach Propriano. Bei Conca, 20 km nördl., endet, von Calenzana kommend, der GR 20. Die **Freiluftdisco ›Via Notte‹** lockt in der Saison mit internationalen DJs.

Umgebung: Der **Strand von Palombaggia** (9 km südl.) mit Dünen, Pinien, türkisfarbenem Wasser und schattigen Parkplätzen ist der Traumstrand Korsikas und in der Saison entsprechend überlaufen. Halbwegs nach Bonifacio umarmen Strände das Kreisrund von **Rondinara**. Schön, aber bebaut und voller ist der **Strand am Golfe de Santa-Giulia** (6 km südl.). Der **Strand von Cala Rossa** (10 km nördl.) ist wunderschön, aber fast vollständig privatisiert. Die **Bucht von San Cipriano** (12 km nördl.) hat feinen Sandstrand. Zur großartigen **Vorzeitfestung Araggio** führt vom gleichnamigen Ort ein schmaler, steiler Anstieg (20 min). Von dort hat man einen schönen Blick auf den Golf und die **Halbinsel Pinarellu** (20 km nördl.); ein Genuesenturm wacht über den Ort mit schmalen Stränden, Open-air-Kino im Sommer und Jazz-Festival im Sept. Hinter dem **Ospédale** und einem Stausee ist der Weg zur **Piscia di Gallo** ausgeschildert; der Bach Oso schießt aus einem Felsen und ca. 70 m in die Tiefe.

ⓘ Office de Tourisme, Rue du Docteur de Rocca Serra, BP 92, F-20137 Porto-Vecchio, Tel. 0495703502, Fax 0495700372, www.ot-portovecchio.com

BONIFACIO ②

Die einzigartige Lage auf einem weißen Kreidefelsen macht die Stadt (2700 Einw.) zur Attraktion. Über einem 1,5 km langen natürlichen Hafen in über 60 m Höhe eine Zitadelle auf der weißen Felswand, die ins türkisblaue Meer sinkt. Wahrscheinlich 828 vom toskanischen Marquis Boniface gegründet, der die Zitadelle (Oberstadt) bauen ließ, von Pisa regiert, bis im 12. Jh. die Genuesen die Stadt zerstörten und neu besiedelten. Die Befestigung hielt 1420 der Belagerung durch den König von Aragonien stand. Bei der nächsten Belagerung 1553 hatte sich die Stadt noch nicht von der Pest 1528 erholt; sie ergab sich Franzosen und Türken, wurde – durch Vertrag der Franzosen – wieder genuesisch und mit dem Versailler Vertrag 1768 wie ganz Korsika französisch. Frankreich stationierte Fremdenlegionäre in der Zitadelle (heute nur eine Verwaltungsstelle). Die Stadt lebt hauptsächlich vom Tourismus.

Sehenswert: In der Unterstadt – nicht viel mehr als der Hafen, einige Hotels und viele Restaurants – das **Aquarium** (71, quai Comparetti, Ostern–Ende Okt. tgl. 10.00–22.00, sonst bis 20.00 Uhr). In der **Oberstadt** enge Gassen, alte Häuser mit steilen Treppen. Schöner Aufstieg über den Montée Rastello zur **Kapelle St-Roch** (Blick auf Meer und Grain de Sable) und durch **Porte de Gênes** (16. Jh.). **Ste-Marie-Majeure** (urspr. 14. Jh.) wurde mehrfach umgebaut; ihre Loggia diente als Rats- und Gerichtsplatz. **St-Dominique** ist eine der auf Korsika seltenen gotischen Kirchen (urspr. 14. Jh.; interessante Ausstattung). Die Statue auf dem Place Bir-Hakeim hatten Fremdenlegionäre aus Algerien mitgebracht. Die **Treppe des Königs von Aragon** (187 Stufen steil ins Meer) ist der Legende nach 1420 in einer Nacht gebaut worden, um den Zugang zur Stadt zu erzwingen (ausgeschildert; Juli–Aug. tgl. 9.00–20.00, Mai, Juni und Sept. Mo.–Sa. 11.00–17.30 Uhr).

Aktivitäten: **Golf** auf dem fordernden Parcours der Halbinsel Sperone (Tel. 0495731713, www.sperone.net). **Bootsausflüge** zu den Küstengrotten und dem Lavezzi-Archipel; dort das naturgeschützte Tauchgebiet ›Mérouville‹. **Windsurfen** im Golfe de Santa Manza, Plage de Maora (8 bzw. 10 km östl.) und dem gerühmten ›spot‹ von Tonnara im Golfe di Ventilegne (10 km westl.).

Veranstaltungen: **Prozession** des Saint-Barthélemy (24. Aug.). **Prozession** der fünf Bruderschaften Gründonnerstag und Karfreitag.

ⓘ Office de Tourisme, Rue Fred Scamaroni (Oberstadt), F-20169 Bonifacio, Tel. 0495731188, Fax 0495731497, www.bonifacio.com

SARTÈNE ③

Laut Prosper Merimée die ›korsischste‹ Stadt (3500 Einw.), mit mittelalterlich wirkenden hohen Häusern an engen Straßen.

Sehenswert: An der Place de la Libération steht **Ste-Marie** (18. Jh.) mit Ketten und Kreuz, die der Büßer bei der Karfreitagsprozession schleppt.

Museum: In einem alten Gefängnis (100 m über der Place de la Mairie neben dem Hospital) zeigt das **Prähistorische Museum** Kunstwerke der korsischen Vor- und Frühgeschichte (Wiedereröffnung im Lauf 2009).

Veranstaltungen: ›U Catenacciu‹, Prozession am Karfreitagabend. Einwöchiges **Klavier- und Kammermusikfestival ›A Musica Porta‹** in der 2. Juli-Hälfte.

Umgebung: An der D 268 (9 km nördl.) die Brücke **Spin' a Cavallu** (›Pferderücken‹, 13. Jh.). 12 km südl. **Cauria** ein in der Bronzezeit besiedeltes Plateau (Menhir-Statuen). 4 km vor Tizzano stehen die **Alignements de Pagliaju** (260 Megalithen).

ⓘ Syndicat d'Initiative, Rue Borgo 6, F-20100 Sartène, Tel./Fax 0495771540

PROPRIANO ④

Einstiges Fischerdorf (3200 Einw.) mit Hafen und Jachthafen. Nichts als eine quirlige Promenade und Hauptstraße.

Aktivitäten: **Wandern** (s. Porto-Vecchio). **Surfen** (Verleih am Hafen). **Baden** am langen Strand von Capu Laurosu (südl.). **Porto Pollo** (12 km westl.) ist als Tauchstation beliebt.

Umgebung: Campomoro (17 km südw.) ist ein ruhiges Fischerdorf mit Genuesenturm, Tauchstation und Sandstrand. Schön das terrassenartige mittelalterliche Olmeto (8,5 km nördl.). **Filitosa** (17 km nordw.) ist Korsikas bekannteste prähistorische Fundstätte (April–Okt. 8.30 Uhr bis Sonnenuntergang).

ⓘ Office de Tourisme, Port de Plaisance, F-20110 Propriano, Tel. 0495760149, Fax 0495760065, www.propriano.info

LEVIE ⑤

Hauptort (700 Einw.) der Alta Rocca.

Museum: Die ›Erinnerung der Steine‹ ist Thema des modernisierten **Musée de l'Alta Rocca** (Tel. 0495780078) mit Vorzeitfunden aus Südkorsika (u. a. ›Dame von Bonifacio‹).

Umgebung: Führung durch den Wald per Audio-Guide zu den Vorzeitburgen **Cucuruzzu** und **Capula**. In **Ste-Lucie-de-Tallano** eine noch mit Wasserkraft betriebene Ölmühle.

ⓘ Info Tourisme Alta Rocca, F-20129 Zonza, Tel. 0495785633, alta-rocca@wanadoo.fr

Maßstab 1:250.000

Ajaccio und die Westküste

Hier ist immer Kaiserwetter

Napoleon allerorten – zweifellos hatte er sich mit Ajaccio einen schönen Geburtsort am mildesten korsischen Golf ausgesucht. Und der Maler Henri Matisse ließ sich von den hiesigen Farben inspirieren. Das bescheidene Umland dagegen protzt nicht mit seinen Schätzen, doch die hellbraunen Kühe, die schwarzen, halb wilden Schweinchen, verborgene Ölmühlen und Bienenstöcke lassen ahnen, dass hier wesentliche Grundlagen korsischer Küche wachsen.

Eine alltägliche Fischerszene am Hafen von Ajaccio wird schnell zu einer Präsentation unbekannter Welten.

▲ Napoleon als Souvenir   ▼ Veteranen an Napoleons Geburtstag

▲ Ein Bonaparte aus Marmor – hier der Bruder Jérôme – in der Eingangshalle ...

Ajaccio und die Westküste

Ein echter Bonaparte – ein Nachkomme des Napoleon-Bruders Jérôme und Königs von Westfalen – gehörte viele Jahre zum Straßenbild von Ajaccio: Charles, hoch aufgeschossener Prinz und tätig in der Stadtverwaltung. Mittlerweile ist er Abgeordneter einer Festlandsgemeinde und Präsident einer Union der 40 europäischen Städte, in denen sein großer Ahne einst Spuren hinterließ. Die bürgerlichen Bonapartisten dagegen, eher ein Heimatverein, pflegen ein folkloristisches Kaiserbild, empfangen Prominenz mit Trommelwirbel, treten auch an Festtagen in alten Uniformen der kaiserlichen Armee an, aber sie sind zuweilen auch rechtskonservative Strippenzieher hinter den Kulissen der Kommunalpolitik.

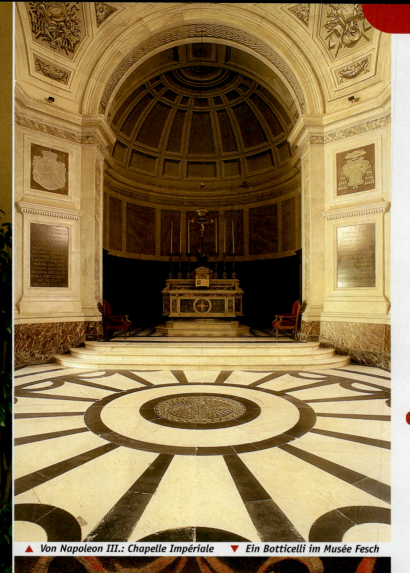

▲ *Von Napoleon III.: Chapelle Impériale*   ▼ *Ein Botticelli im Musée Fesch*

▼ *... des Rathauses*

> **SPECIAL**
>
> ### Der große Korse
>
> In Ajaccio wurde der wohl bekannteste Korse, Napoleon Bonaparte (1769 bis 1821), geboren. Als 9-jähriger Adelsspross kam er auf die Militärakademie von Brienne und versuchte 1792 als Oberstleutnant der korsischen Nationalgarde vergeblich den Einfluss der Paoli-Anhänger zu beseitigen. Zurück im revolutionären Frankreich gelang es Napoleon, die Macht an sich zu reißen. 1802 wurde er Konsul auf Lebenszeit, 1804 erster französischer Kaiser. Der Versuch, ganz Europa unter seine Herrschaft zu zwingen, scheiterte im winterlichen Russland; die folgenden ›Befreiungskriege‹ führten 1814 zu seiner Entmachtung. Sein Exil auf der Insel Elba war nur von kurzer Dauer, 1815 kehrte er zu einer ›Herrschaft der 100 Tage‹ zurück. Die Schlacht von Waterloo beendete alle Ambitionen. Napoleon wurde auf die südatlantische Insel St. Helena verbannt, wo er 1821 starb – an einer Vergiftung?

Einst gehasst, heute geliebt

Bisher ist es nur ein Napoleon, den die Hauptstadt des Départements Corse du Sud hätschelt: Napoleon I., den französischen Kaiser. Als der geboren wurde, hatten die Franzosen gerade Pascal Paoli besiegt. Aber 1811, als Kaiser, hat er Ajaccio zur Hauptstadt Korsikas gemacht. Längst ist vergessen, dass die Einwohner 1814 nach seinem Sturz sein Standbild jubelnd

▲ Blick vom Boulevard Rossini auf das Zentrum und die Zitadelle von Ajaccio

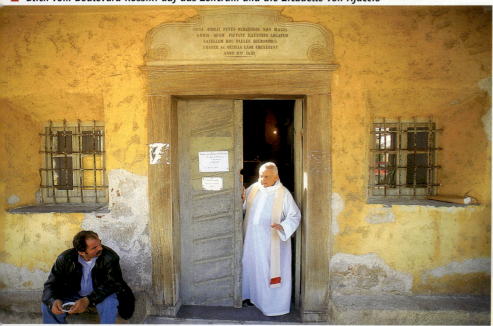

▲ Außerhalb: Chapelle des Grecs, 1632 errichtet   ▼ St-Erasme aus dem 17. Jahrhundert   ▲ Jeden Morgen ist an Ajaccios Rathaus Markt

Ajaccio und die Westküste

ins Hafenbecken geworfen hatten. Denn sein Andenken lässt sich längst in bare Münze verwandeln. Sein Geburtshaus in der Rue Saint-Charles – die immerhin die Rue Roi de Rome und die Rue Bonaparte kreuzt, die wiederum parallel zum Quai Napoléon verläuft – birgt kaum etwas aus der Zeit des Eroberers, schließlich haben sich nachfolgende Generationen damals wie heute gern des alten Plunders entledigt und neu eingerichtet. Die Kinderbüste mit Pagenkopf gegenüber zeigt zwar auch Napoleon, jedoch den II., König von Rom. Im Rathaus dagegen sind gegen Entgelt – und bei angemessener Kleidung – Familienporträts und die Totenmaske zu besichtigen.

Napoleon in Stein

━ Auch sonst gibt es noch reichlich Gelegenheit, dem berühmtesten Sproß der Familie Bonaparte zu begegnen. Als römischer Imperator bewacht er, unterstützt von seinen vier Brüdern, die Tiefgarage am Platz de Gaulle. Vier Löwen liegen ihm als Erstem Konsul am Brunnen auf dem Platz Maréchal Foch zu Füßen. Von Austerlitz bis – nein, Waterloo ist beim imposantesten Denkmal auf dem Platz d'Austerlitz nicht verzeichnet: Des Ruhmes soll gedacht werden, und so sind nur 33 Siege in Stein verewigt.

Ajaccio, ein Farbenrausch

━ Bei alledem: Ajaccio ist mehr als Napoleon. Am Golf mit dem mildesten Klima der Westküste Korsikas gelegen, von nahen Bergen eingerahmt, hat es vor gut 100 Jahren schon einen jungen Maler verzaubert und ihn dazu inspiriert, der zeitgenössischen Kunst eine neue Richtung zu geben. Henri Matisse kam am 8. Februar 1898 nach sechzehnstündiger, magenstrapazierender Bootsfahrt von Marseille nach Ajaccio. Die Sonne glitzerte auf dem schneebedeckten Gipfel des Monte d'Oro. Das Boot glitt an den Sanguinaires-Inseln vorbei, die ihren Namen den manchmal blutroten Sonnenuntergängen verdanken. Vorbei an diesem kleinen Archipel zwischen Golf von Sagone und Golf von Ajaccio aus Felsen, Macchia, mit Ziegen, einem Leuchtturm auf der einen und einem Genuesenturm mit Adlerhorst auf der anderen Seite.

▲ Quai Napoléon: Hinter den bunten Fischerbooten reihen sich Cafés   ▼ Am Boulevard Jérôme

▼ Mit Orangenbäumen: Bergdorf Suarella östlich von Ajaccio

▲ Cargèse und seine Kirchen ... ▼ ... – hier in der griechisch-orthodoxen

Ajaccio und die Westküste

▲ Pointe de la Parata   ▼ Besonders schön ist die Zeit der Baumblüte: Bauernhaus nahe Sagone

▼ Wenige Meter abseits der großen Straßen ist Korsika eine andere Welt: Eccica bei Cauro

Diesen Sonnenuntergang malte Matisse. Und Jahre später sagte er, dort sei es gewesen, was ihn wie ein Schock getroffen habe und in seinen Bildern zum Fauvismus geworden sei. Es war diese ›wilde‹ (fauve) Malerei, die ihn wenige Jahre später berühmt machen sollte. Der Fauvismus, bei dem die Farbe zum eigentlichen Wesen des Gegenstandes wurde, hat seinen Namen hier erhalten. Matisse hat auf Korsika 45 Bilder gemalt. Einige sind in Nizza ausgestellt, die meisten hängen in Privatsammlungen – aber leider keins auf der Insel.

Kostbarkeiten aus dem Meer

Bilder ganz anderer Art bringen die Unterwasserjäger mit, denn, von der Ostküste abgesehen, laden Tauchclubs und -schulen überall auf der Insel zu Exkursionen ins Mittelmeer ein. Um Korsika leben Langusten, Spinnenkrebse, Doraden, Rascasse und Tintenfische. Auch wenn man die roten Korallen noch überall in den Schmuckläden Ajaccios findet, die Korallenfischer beklagen ihr Verschwinden. Während sie noch in den 1960er- und 1970er-Jahren im Golf von Ajaccio in nur 20 bis 30 Metern Tiefe große Korallenzweige fanden, reichen die Erlöse heute kaum zum Leben. Die Korallen sind abgeerntet, die Fischer müssen 100 Meter und tiefer tauchen und bringen doch nur kleine Äste mit. Eigentlich müssten sie aufhören, bis die Bestände sich erholt haben. Eigentlich ...

Unterwegs auf schmaler Spur

Die vielleicht aufregendste Art, Ajaccio zu verlassen, beginnt am Bahnhof. In den 1960er-Jahren hatten ›die da oben in Paris‹ an eine Einstellung der unrentablen Bahn gedacht, aber, wie so oft, nur heftigen Widerstand der Korsen entfacht. Wie, ihr ›Trinichellu‹ sollte unrentabel sein? Und wie soll man aus den Bergen nach Ajaccio kommen oder nach Bastia? Doch seit auch Dörfler Autos haben, wurden die schlingernden Dieseltriebwagen nur noch von Studenten, Gastarbeitern und Touristen bestiegen. Mittlerweile rollen topmoderne Züge über neuen Schotter, und der Zuspruch steigt. Die Fremden staunen, fotografieren, sehen die Granitwände von 38 Tunneln an sich vorbeifliegen, blicken von 76 Brücken und Viadukten in die Tiefe.

▲ Eigentlich sollte man Korsika nicht verlassen, ohne mit der Bahn gefahren zu sein: Viadukt bei Vivario nördlich Vizzavona

▲ Schwatz am Brunnen: Grosseto

▲ Bocognano: In der Boulangerie ›Au feu de bois‹ ...   ▼ ... gibt es handgemachte Beignets de Brocciu

Ajaccio und die Westküste

96 Meter über dem Tal überspannt das filigrane Eisenkunstwerk von Gustave Eiffel den Vecchio nahe Vizzavona – seinerzeit beispielhafte Demonstration fortschrittlichster Technik. 1855 hatte der Eisenbahnbau begonnen, und 1888 wurde die erste Linie von Bastia nach Corte eingeweiht. 1894 begann man mit der Verlängerung nach Ajaccio und der Abzweigung nach Calvi. Die dritte Linie von Bastia nach Porto-Vecchio, 1935 in Betrieb genommen, wurde im Zweiten Weltkrieg stark beschädigt und später nicht repariert. So umfasst Korsikas Schienennetz heute noch 230 Kilometer.

Korsikas Leckereien

■ Das Hinterland Ajaccios scheint beschaulich. Frisches Grün begleitet den Weg in die Berge. Kleine dunkelgraue Schweine suhlen sich in den Pfützen unter Büschen und Kastanien am Straßenrand. Und wer in Bastelica das übermannshohe Denkmal für Sampiero Corso bewundert hat, den Unbeugsamen, der seit 1553 für die Befreiung Korsikas von den Genuesen gekämpft hatte und 1567 enthauptet wurde, könnte an die Küste zurückkehren. Oder das im Sommer menschenleere Skigebiet Val d'Ese aufsuchen, das jetzt allein Schafen und Ziegen zu gehören scheint.

Oder den Köstlichkeiten der korsischen Küche nachspüren. Zu den versteckten Orten, an denen herrliche Schinken und Würste geräuchert werden, wo sanftes oder pfeffriges Olivenöl gepresst wird oder zig Sorten Käse reifen, führen nun die Faltblätter der ›strada di i sensi‹, der ›Route des Sens Authentiques‹. Allgegenwärtig ist der Brocciu, ein Frischkäse aus Schafs- oder Ziegenmilch, den man pur mit einem Glas Grappa, süß verbacken, in Kräuteromeletts oder als Füllung der Bergwasserforellen genießen kann. Einige dieser inseltypischen Produkte ziert – wie den Wein – das strenge Qualitätssiegel AOC. Daneben gibt es eine Unzahl in keiner Liste Aufgeführte, junge Leute meist, die an der Straße ausschildern, was sie anzubieten haben.

Ökumene auf Korsisch

■ ›Tra Mare e Monti‹, zwischen Meer und Gebirge, heißt der Wanderweg, der in Cargèse beginnt und über eine der faszi-

▲ Sampiero Corso in Bastelica   ▼ Im Hintergrund das Massiv des Monte d'Oro: Bocognano

▲ Val d'Ese: Herbststimmung im Hochgebirge ▼ In der nahezu undurchdringlichen Macchia bei Tavaco

▼ Der ›Brautschleier‹ bei Bocognano

Ajaccio und die Westküste

▲ Zweitausender als Kulisse: Kloster von Vico

nierendsten Küstenstrecken nach Galéria führt, vorbei an Girolata, das ohnehin nur zu Fuß (oder mit dem Schiff) erreichbar ist, und in Calenzana nahe Calvi endet. Die Touristeninformation empfiehlt wärmstens gute Wanderkarten wie feste Schuhe.

Man muss aber nicht gleich losmarschieren, denn das Städtchen Cargèse, die Griechische, präsentiert über dem kleinen Hafen, nur von Gärten getrennt, zwei sich gegenüberstehende Kirchen. Bunte Ikonen und farbenfrohe Fresken, von einem internationalen Malerteam vor 15 Jahren kunst-

▼ Brunnen überall – nur wenige mit Trinkwasser

SPECIAL

Muntere Panzerträger

Die Winzlinge, die vor wenigen Tagen ihren Platz auf der Farm im Gravonatal bezogen, haben eine weite Reise, hinter sich – sie kommen aus Libyen. Ihre Adresse heißt jetzt ›U Cupulata‹, auf Korsisch die Bezeichnung für Schildkröte. Zweieinhalb Hektar groß ist das Gelände, ein für ihre Winzigkeit riesengroßes Stück davon ist abgeteilt zum Einleben – von den anderen ungestört. Denn wer bisher glaubte, Schildkröten seien langsame, friedliebende Salatfresser, wird auf der Schildkrötenfarm eines Besseren belehrt. 3000 Tiere aus 190 Arten, von Daumennagelgröße bis zu Feldsteinausmaßen, von Hermann aus Korsika bis zu den Riesen von den Seychellen, dösen in der Sonne, bekriegen sich mit heftigen Stößen ihrer Panzer, schwimmen pfeilschnell auf einen freien Sonnenplatz – benehmen sich quasi wie du und ich. Es gibt auch eine Krankenstation, denn unverwüstlich sind die Panzer nicht. Bei der Reparatur entwickeln die Mitarbeiter geradezu Bildhauerqualitäten.

▼ Noch klein: die stillen Wilden von ›U Cupulatta‹

▼ Damit ist immer zu rechnen: Ziegenherden blockieren die Straße

gerecht erneuert, schmücken das düstere Granitgebäude der griechisch-orthodoxen Kirche. Die Ikonen auf Goldgrund, byzantinische Kirchenlehrer, hatten bereits die ersten, 1676 nach Korsika gekommenen Siedler mitgebracht. Hell und neubarock zeigt sich dagegen die gegenüberliegende katholische Kirche, deren Inneres, nur von Kerzen beleuchtet, sich erst bei Gewöhnung ans Dunkel erschließt. Père Florent, der den Gottesdienst abwechselnd in beiden Kirchen hielt, ging jüngst in den Ruhestand – ein Nachfolger wird gesucht.

Ajaccio und die Westküste

Infos

AJACCIO ①

Vorn ein milder Golf, im Rücken eine schöne Berglandschaft, so präsentiert sich Ajaccio (55 000 Einw.) als Sitz der korsischen Regionalversammlung und des Präfekten für das Süd-Departement. In Ajaccio wurde Korsikas bekanntester ›Sohn‹ geboren, Napoleon Bonaparte (1769–1821). Reste der römischen Siedlung und ein Baptisterium wurden am nördl. Stadtrand freigelegt. Ein schon früher entdeckter römisch-christlicher Sarkophag steht in der Präfektur. Bis 1553 Sampiero Corso die Stadt eroberte, durften sich dort nur Genuesen, keine Korsen niederlassen. 1811 wurde Ajaccio Hauptstadt des französischen Korsikas.

Sehenswert: Italienisch anmutend die Altstadt um die Rue Roi de Rome mit dem **Geburtshaus Napoleons** (Rue Saint-Charles; April bis Sept. tgl. 9.00–11.30 und 14.00–17.30, sonst 10.00–11.15 und 14.00–16.15 Uhr); im Hôtel de Ville (1. Etage, Mo.–Fr. 9.00–11.45 und 14.00–17.45/16.45 Uhr) ein **Salon Napoléonien**. Die **Kathedrale** (16. Jh.), Taufkirche Napoleons (1771), birgt in der ersten Kapelle links ›Vierge aus Sacré-Cœur‹ von Eugène Delacroix. Die **Chapelle Impériale** (Rue du Cardinal-Fesch) aus dem 19. Jh. enthält Gräber der Familie Bonaparte. Kardinal Fesch, ein Onkel Napoleons, ›sammelte‹ mit weit vorausblickendem Kunstsinn tausende von Gemälden im Sog der Eroberungszüge seines Neffen (**Musée Fesch,** neben der Chapelle; wechselnde Öffnungszeiten und zeitlich begrenzte Ausstellungen). Das **Museum ›A Bandera‹** ist ein privates Militärgeschichtsmuseum (Rue du Général-Lévie; Juli–Sept. Mo.–Sa. 9.00–19.00, So. 9.00–12.00, sonst tgl. außer So. 9.00–12.00 und 14.00–18.00 Uhr). **Napoleon-Denkmäler** auf der Place Foch, Place du Diamant und Place d'Austerlitz. Die **Zitadelle** kann man nicht besichtigen (Militärgelände), aber gegenüber das **Musée de Capitellu** (18, Bd. Danielle-Casanova; April bis Okt. 10.00–12.00 und 14.00–18.00 Uhr, So. nachm. geschl.), ein kleines stadtgeschichtliches Privatmuseum.

Aktivitäten: Schiffsausflüge vom Kai nahe der Place Foch nach Porticcio, den Sanguinaires, Porto, Sagone, Cargèse, zu den Calanche am Golfe de Porto, nach Girolata und zum Naturreservat Scandola sowie nach Bonifacio. Stadtnahe **Strände** sind die Plage de St-François unterhalb der Place de Gaulle, Vignola an der Route des Sanguinaires sowie Ricanto, Richtung Flughafen.

Veranstaltungen: Die Napoleon-Garde zieht Juli und Aug. jeden Do. um 19.00 Uhr auf (Place Foch). **Napoleons Geburtstag** und Mariä Himmelfahrt mit Prozession, Paraden und Feuerwerk (15. Aug.). ›Estimusica‹ mit Konzerten korsischer und internationaler Musiker Ende Juli auf der Place du Casone vor dem Kaiserdenkmal. Ländlicher **Markt** auf dem Square César Campinchi hinter dem Rathaus (tgl. außer Mo. 8.00–12.00 Uhr); dort auch moderne Fischhalle mit vielerlei Meeresgetier.

Umgebung: Iles Sanguinaires heißen die 12 km westl. gelegenen ›Blutinseln‹ (Baden, Tauchen, Schnorcheln), auf die man bei Sonnenuntergang von der gegenüberliegende Pointe de la Parata mit einem Genuesenturm blickt.

ⓘ Office Municipal de Tourisme, Boulevard du Roi Jérôme 3, F-20181 Ajaccio Cedex 01, Tel. 0495515303, Fax 0495515301, www. ajaccio-tourisme.com

PORTICCIO ②

Badeort südlich des Flughafens mit Blick auf Ajaccio. Sandstrände, Restaurants, Hotels, Ferienwohnungen und Discotheken bestimmen das Ortsbild.

Aktivität: Die markierten **Wanderwege ›Mare e Monti Sud‹** und ›**da Mare a Mare Centre‹** enden bzw. beginnen hier.

ⓘ Office Municipal de Tourisme, Centre Commercial Les Echoppes, F-20166 Porticcio, Tel. 0495251009, Fax 0495251112, www.porticcio.org

BASTELICA ③

Das Bergdorf, 770 m hoch gelegen, mit seinen fünf Weilern (490 Einw.) ist Sommer- wie Winterzuflucht der Stadtbewohner von der Küste. Halbwilde Schweine, Steinhäuser, Kastanienwälder gibt es, kulinarische Köstlichkeiten und im Winter eine Skipiste. Der korsische Nationalheld Sampiero Corso wurde hier als Bauernsohn geboren (1498–1557), in florentinischen und französischen Diensten war er erbitterter Feind der Genuesen; auf hohem Sockel steht er, 3,5 m aufragend, seit 1890 in Bronze.

Umgebung: Von der D 3 (zwischen Ocana und Tolla) schöner Blick auf die **Prunelli-Schlucht** (5 km südw.). Der Stausee südl. von **Tolla** versorgt Ajaccio mit Trinkwasser. Über 1600 m hoch liegt das Hochplateau **Val d'Ese** (D 27 A), Skistation im Winter und Schafweide im Sommer.

BOCOGNANO ④

Nur Mitte Dez., wenn mit dem Kastanienfest, der ›Fiera di a Castagna‹, Korsikas größter Jahrmarkt stattfindet, ist der Hauptort des Gravona-Tales (350 Einw.) mit bis zu 30 000 Besuchern in aller Munde. Es geht drei Tage lang um alle Agrar- und Kunstprodukte, die auf der Insel hergestellt werden: seit 25 Jahren ein bedeutendes ökonomisches wie auch kulturelles Ereignis. Schön zwischen Kastanien- und Kiefernwäldern im Nationalpark gelegen, ist das Dorf an der alten Nord-Süd-Passage zu finden.

Umgebung: Bei **Vero** (16 km südw.) liegt links der RN 193 die Schildkrötenfarm ›A Cupulatta‹ (Juni–Aug. tgl. 9.30–19.00, April–Mai und Sept.–Okt. tgl. 10–17.30 Uhr); hier werden 3000 Schildkröten aus 190 Arten aus aller Welt gezeigt und auf Korsika frei lebende Tiere nach Unfällen gesund gepflegt. 3 km südl. an einem Teerweg ein Wasserfall wie ein Brautschleier (**Cascade du Voile de la Mariée**). **Vizzavona**, winziges Dorf (12 km nördl., Bahnhof an der Wanderroute GR 20) ist Ausgangspunkt zur Besteigung des **Monte d'Oro** (2389 m; schwierig, ca. 8,5 Std.).

SAGONE ⑤

Eine der ältesten Hafenstädte Korsikas (900 Einw.), heute Badeort und im 6. Jh. Bischofssitz. Daran erinnern Reste der kleinen Kathedrale Sant' Appiano mit Menhir-Statuen im Fundament der Apsis.

Aktivitäten: Südl. der unbewachte **Sandstrand** an der Liamone-Mündung. Schöner Strand auch bei Tiuccia (7 km südl.; Fahrradverleih).

Umgebung: **Vico** im Hochtal des Liamone (13 km östl.) war im 16. Jh. Residenz der Bischöfe von Sagone; sehenswert das höher gelegene Franziskanerkloster (17. Jh.). Am Ortseingang links die erste, von Prosper Mérimée als prähistorisch erkannte Menhir-Statue.

ⓘ Office de Tourisme Vico-Sagone, Route de la Plage, F-20118 Sagone, Tel. 0495280536, Fax 0495280789, www.ot.vicosagone.com

CARGÈSE ⑥

Auf der Flucht vor osmanischer Tyrannei waren im 17. Jh. mehr als 700 griechische Familien nach Korsika gekommen, hatten das Dorf Paomia gegründet und wurden, weil sie sich im Unabhängigkeitskrieg nicht als Patrioten erwiesen, verjagt. Sie flohen nach Ajaccio, und nachdem der korsische Widerstand gebrochen war, ließ der regierende Gouverneur Marbeuf 1774 Cargèse für die Griechen gründen. Einige griechische Namen sind geblieben und die Konfession (1000 Einw.).

Sehenswert: Über dem Hafen stehen sich die **griechisch-orthodoxe** (1852) und die **römisch-katholische Kirche** (1825/1828) gegenüber.

Aktivitäten: Zugang zum **Wanderpfad ›tra Mare e Monti‹**. Bootsfahrten nach Girolata.

ⓘ Office de Tourisme, Rue du Docteur-Dragacci, F-20130 Cargèse, Tel. 0495264131, Fax 0495264880, www.cargese.net

Maßstab 1:250.000

12,5 km
10
7,5
5
2,5
0

74
75

Von Porto zum Monte Cinto

Rote Felsen und graue Gipfel

Gleich hinter Porto türmen sich die roten Felsen der Calanche über grüner Macchia und leuchtend blauem Meer. Korsikas Naturpark reicht von diesen unvergesslichen Bildern über das Fischadlern, Wanderfalken und Sturmtauchern vorbehaltene Naturreservat Scandola bis hinauf zu den höchsten Gipfeln der Insel, die sich in Gebirgsseen spiegeln. Jenseits dieser Berge dann Corte, jung gebliebene Universitätsstadt und – vor allem – heimliche Hauptstadt.

Eine Naturschönheit von Menschenhand: Im Calacuccia-Stausee spiegeln sich der spitze Gipfel der Paglia Orba und der ›mehrfingrige‹ der Cinque Frati.

▲ So soll die Calanche aussehen ▼ 1912 wurde das Hotel ›Roches Rouges‹ erbaut und eingerichtet: Piana

▼ ›Tafoni‹ in der Calanche

Von Porto zum Monte Cinto

▲ Piana mit der Calanche im Hintergrund ▼ Piana: Am Dorfplatz lässt sich die Sonne genießen

▼ Aus frischer Schafsmilch: appetitlich gereifter Käse

»Der Umweg nach Porto lohnt kaum‹, vermerkt der Baedeker von 1913: ›Zwei Wirtsh., mit kleinem Holzausfuhrhafen. Auf einem niedrigen Felskegel neben der Mündung des Porto steht ein alter genuesischer Wartturm.‹ Der steht dort immer noch. Aber vermutlich ist er, weil nicht rund, sondern viereckig gebaut, pisanischer Herkunft. Ein Gewitter hat das sonst so stille Mittelmeer in eine gischtschäumende See verwandelt, die jedes andere Geräusch übertönt, und eine runde goldene Sonne malt Glitzerstreifen auf das fast schwarze Wasser, bis sie, nur noch ein roter Ball am immer dunkler werdenden Himmel, zwischen zwei Felsen fällt. ›Klick‹ macht es dutzendfach. Das Publikum des Naturtheaters verstaut die Kameras und geht zum Essen. Es gibt längst mehr als zwei Wirtshäuser. Hotelzimmer mit Blick aufs Meer sind in allen Preislagen zu haben. Im Hafen vor einem Eukalyptuswäldchen schaukeln Boote, und an der Portomündung ist neuer Sand für einen Strand aufgeschüttet. Was sich wie Glühwürmchen vor dunklem Himmel bewegt, sind die Scheinwerfer der Autos, die auf den schmalen Küstenstraßen fahren, die sich durch eine der faszinierendsten Landschaften Korsikas schneiden.

Wo die Felsen glühen

Rote Felsen, bis zu 300 Meter hoch, türmen sich an der elf Kilometer langen Calanche über grüner Macchia und tiefblauem Meer – als Schlösser und Burgen, Säulen und Türme, Teufel und Dämonen, Elefanten und Giraffen. Hinter jeder Kurve – und sie sind zahlreich – wartet eine neue Überraschung, und war der eine Anblick schon atemberaubend, macht der nächste sprachlos. Hier ein Herz, da ein schlafender Löwe – selbst ganz Phantasielose sind entzückt.

Parkplätze, wo immer es geht, aber meist besetzt. An einer kleinen Marienstatue im Fels geht es steil zu einem alten Maultierpfad hinauf und dann etwa eineinhalb Stunden auf der Höhe geradeaus. Oder durch einen Pinienwald zum ›Château‹, das auch ein Fels über dem märchenblauen Wasser ist. Aber wer dem Versprechen an der Tafel am Eingang neben dem Hundekopf, ›Tête de chien‹, glaubt, der Weg über

▲ Ficajola besitzt einen winzigen Strand ▼ Der Genuesenturm von Girolata ist heute in Privatbesitz

Von Porto zum Monte Cinto

Stock und Stein sei leicht und eine halbe Stunde kurz, bekommt schnell Hochachtung vor denen, die offenbar leichtfüßig die Steine mit roten Punkten markiert haben.

Korsika unter Schutz

▬ Nicht so leicht erreicht man das Naturreservat Scandola auf einer gebirgigen roten Halbinsel im Norden des Golfes von Porto, 1975 mit 919 Hektar Land und 1000 Hektar Meer unter Schutz gestellt – es führt keine Straße hin. Wanderfalken, Fischadler, Möwen und Kormorane können sie entbehren. Und dann sind da noch die Schiffe mit den Neugierigen, die vorbeikommen und zugleich das nur zu Fuß oder per Schiff erreichbare Fischerdorf Girolata für ein paar Stunden von seiner Idylle befreien. Den knapp zwei Dutzend Einwohnern ist das recht. Sie braten den Besuchern Fische und lassen sie dann auch gern wieder ziehen.

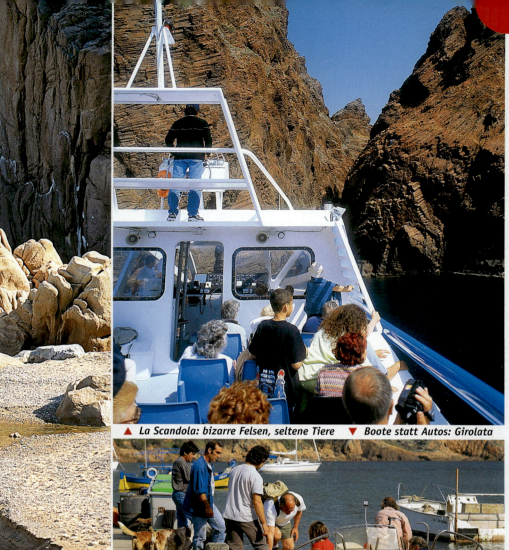
▲ La Scandola: bizarre Felsen, seltene Tiere ▼ Boote statt Autos: Girolata

▼ Straße hoch oben, Strand tief unten: Ficajola ist typisch für Korsikas Westküste

SPECIAL

Korsikas Nationalpark

Wie das Gebiet um den Golf von Porto, das zudem als Welterbe unter Unesco-Schutz steht, gehört auch das Hinterland zum korsischen Nationalpark, dessen Gründung 1972 nicht nur die Hirten sehr misstrauisch aufnahmen. Auf 150000 Hektar sollten zunächst nicht nur alpine Gipfel, Wälder, Seen, Macchia und besondere Küstenbereiche wie die Lavezzi-Inseln vor Bonifacio und die Calanche geschützt werden. Erhalten – oder wieder belebt – werden sollte auch traditionelle Landwirtschaft, ökonomische Strukturen sollten entstehen und der Tourismus gefördert werden. Mittlerweile ist der Nationalpark auf 330000 Hektar, mehr als ein Drittel Korsikas, angewachsen. Er hat sich zum Beispiel das 1977 geschaffene Biosphärenreservat Fangotal mit vom Wasser rund geschliffenen Steinen einverleibt. Auch die schwer zugängliche Niolo-Hochebene südlich des Monte Cinto gehört dazu – wie fast alle Gebiete, durch die große markierte Wanderwege führen.

Die jährlich wiederkehrende Diskussion um die Entwicklung der Schutzgebiete, um die Tourismusförderung, um die Frage, wie

▲ Rund gewaschene Felsen prägen die Bergflüsse: der Fango ▼ Bei Tuarelli: Felsen zum Turmspringen

▼ Straßenbrunnen werden gern aus runden Kieseln erbaut

▼ Zwischen Osani und Galéria: am Col de Palmarella

Von Porto zum Monte Cinto

▲ Der Ponte Vecchiu in den Gorges de Spelunca ▼ Evisa, von Tausendfünfhundertern umgeben

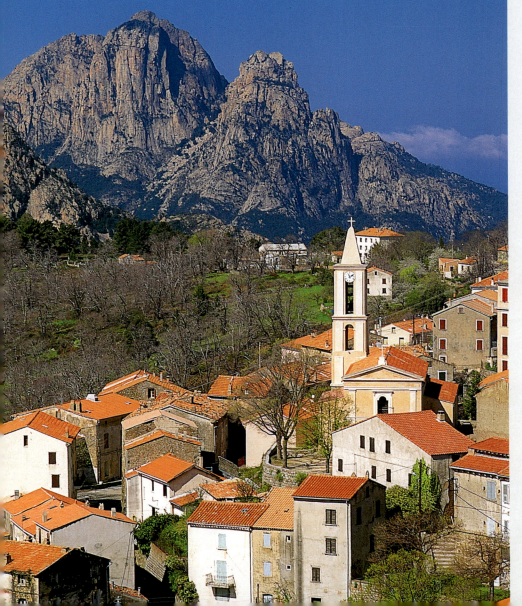

Berghütten ausgestattet sein müssten, und darum, wie man Wanderer auf neue Wege und in die Dörfer lockt – die klingt allerdings noch haargenau wie vor zehn oder zwanzig Jahren. So wie vor 30 Jahren über den Naturpark, wird heute erbittert über die Einrichtung eines ›Parc Marin‹ zwischen Porto und Calvi gestritten. Das Projekt ist seit Jahrzehnten im Gespräch. Leidenschaftliche Naturschützer beklagen den zögerlichen Fortgang, die Betreiber einer Fischfarm weiter südlich bangen um die Möglichkeit einer ökonomischen Nutzung des Meeres.

Das Reich der Banditen

Korsika ganz oben – das heißt 2706 Meter oder Monte Cinto. Das zentral gelegene Hochtal Niolo, von der steinernen Schlucht Scala di Santa Regina, Corte und Col de Vergio begrenzt und über 1000 Meter hoch, hat Maupassant vor mehr als hundert Jahren als wahre Heimat der korsischen Freiheit beschrieben, wild und von unvorstellbarer Schönheit, eine uneinnehmbare Festung, Granit, überall nur Granit ... Und dann ist sie grün im Schatten der höchsten Berge Korsikas, Heimat der Schäfer, der Schafe und – zu Maupassants Zeiten – sicher auch der Banditen und derer, die der Blutrache entkommen wollten. Himmel und Wolken nur spiegeln sich im eiskalten Gletschersee Lac de Nino auf 1743 Metern Höhe, und um ihn herum verlieren sich Moorwiesen und Tümpelchen – ›Pozzi‹ –, die im Winter mit ihm zusammen zu einer großen Eisfläche gefrieren.

Die Büßer und die ›Granitola‹

Aber vorher ist September. Auf drei Tage, den 8., 9. und 10., hat sich Casamaccioli, das schönste Dorf des Niolo, schon lange vorbereitet. Seit 1835 sind diese Tage der Höhepunkt des Jahres. Und manche sagen, das Fest der Heiligen von Niolo – la Fête de la Santa – sei das wichtigste, zumindest aber das schönste Fest ganz Korsikas. Die Männer des Dorfes in weißen Gewändern tragen nach der Morgenmesse eine Marienstatue auf ihren Schultern durch den Ort. Um ein Kreuz gehen sie die ›Granitola‹, die Schnecke, wie man sie auch bei mancher Karfreitagsprozession sehen kann. Der Brauch geht

▼ Ton in Ton im Granit: Bergerie de Radule nördlich des Vergio ▲ Wie aus einer anderen Welt: Lac de Nino samt ›Pozzi‹

▲ Fotostopp am Col de Vergio

Von Porto zum Monte Cinto

▲ *Kirschblüte um Casamaccioli*

▼ *Paglia Orba soll der schönste Berg Korsikas sein*

▼ *Défilée de Scala di Santa Regina: Im Vordergrund ist der alte Viehtriebpfad zu erkennen*

auf einen heidnischen Fruchtbarkeitsritus zurück. Wie einst um den Baum des Lebens, rollt sich heute eine Menschenkette drei Mal wie eine Schnecke um das Kreuz und entrollt sich wieder. Das findet unter reger Anteilnahme immer größerer Besuchermengen statt.

Vieles ist hier Legende

■ Mit einem Jahrmarkt wird die legendenhafte Rettung eines Schiffers aus Seenot gefeiert. Als Zeichen seiner Dankbarkeit stiftete der Gerettete dem Kloster Selva eine Marienstatue, die Santa Maria della Stella. Die Legende ist aber noch nicht zu Ende: Als später Sarazenen über das Meer kamen – Piraten waren jahrhundertelang eine große Plage für die Küstenbewohner –, banden die fliehenden Mönche einem Maultier die Muttergottes auf den Rücken und jagten es in die Berge – im Vertrauen darauf, dass sie so gerettet werden würde. Das Tier trottete eine Weile durch das Gebirge, bis es eines Tages Casamaccioli erreicht hatte, genau den Platz, auf dem heute die Kirche steht. Und dort hat die Madonna seither ihren Platz und wird Jahr für Jahr gefeiert. Früher, so erzählt man, durfte aus diesem Anlass drei Tage und Nächte lang um Geld gespielt werden – früher? –, man amüsierte sich, kaufte und verkaufte. Auch heute geht der Pastis nicht aus, es werden Spezialitäten und Antiquitäten verkauft. Und manchmal wird gereimt und gesungen, bis in die Nacht.

Korsikas Herz schlägt in Corte

■ In Corte, der ›heimlichen Hauptstadt‹, trafen sich im August 2008 die nach Unabhängigkeit strebenden Nationalisten zu einer ›Ghjurnate‹ und beschlossen, aus den Fehlern der Vergangenheit zu lernen, und ihre Ideen ›im europäischen Rahmen‹ zu bündeln. Die gemäßigten Nationalisten, die sich von den Untergrundmilizen distanzieren, nahmen an der Tagung nicht teil …

Wie keine andere Stadt symbolisiert Corte den korsischen Widerstand. Sie lässt die Dokumente ihrer großen Zeit unangetastet. 250 Jahre alt und nach wie vor beeindruckend sind die Einschusslöcher des Gaffori-Hauses, Wohnort des Mannes, der die Stadt 1746 von der Genuesenherrschaft befreit hatte und zum ›General der Nation‹

▲ Cortes Museum, gut eingepasst in die Mauern der Zitadelle

▲ Diorit orbiculaire in Corte: Granitspezialität, lange als Schmuckstein exportiert ▼ Zitadelle von Corte ▲ Schäferstab

▲ ›Cave‹, Place Paoli

Von Porto zum Monte Cinto

▼ Epicerie, Rue du Vieux Marché   ▼ Durchblick zur Place Gaffori

ernannt worden war. Nur eine Treppe trennt sein Standbild von der Bronzefigur des ›Vaters des Vaterlandes‹ Pascal Paoli, der Corte 1755 zur Hauptstadt eines 13 Jahre lang unabhängigen Korsikas gemacht hatte. Paoli gründete eine Universität, förderte Landwirtschaft und Volksschulwesen gleichermaßen. Was der autonomen Insel die Bewunderung der europäischen Öffentlichkeit eintrug, war jedoch das demokratische System, das er gegen die Familienclans durchsetzte.

Korsikas einzige Universität

Mehr als 200 Jahre hat es gedauert, bis Corte – 1981 – wieder Universitätsstadt wurde. 4000 Studenten, darunter sogar Chinesen, geben der grauen Stadt ein für Korsika überraschend jugendliches Gesicht, bevölkern Bars und Kneipen. An ihre Forschungen in den Bereichen Wissenschaft, Kultur und Wirtschaft knüpfen sich hohe Erwartungen der Insulaner. Tatsächlich gilt den heimischen Problemen – die ja nicht nur nationale sind – ein Großteil ihrer Arbeit, ob es sich um erneuerbare Energien handelt, Meeresumwelt (zusammen mit der Universität Pisa), das Ökosystem der Insel oder archäologische Entdeckungen. Einzigartig, auch für Frankreich, war die Entwicklung von Grundlagen, die seit 1998 für die Klassifizierung von Honig dienen. So wird Mele di Corsica (Miel de Corse) wie klassifizierter Wein mit dem Gütezeichen AOC (Appellation d'origine controlée) und einem Bienen-Logo verkauft. Das soll Imkern dazu verhelfen, ihre Marktchancen zu stabilisieren. Dasselbe Gütezeichen gibt es – allen Bedenken zum Trotz – für Brocciu, den korsischen Frischkäse, und auch für das kalt gepresste Öl verschiedener Olivensorten.

Mit vielsprachigen Speisekarten (›Pizza mit Knabbich, Lattich und Ziofel‹) versucht man, die Tagestouristen ein bisschen länger in der Stadt zu halten. Die klettern hinauf zur Zitadelle, wo der Italiener Andrea Bruno für das historische Museum eine kühne Glaskonstruktion in die Steine des 15. Jahrhunderts fügte, spazieren noch zum Belvédère mit dem wunderschönen Blick auf die eingegrabenen Täler der Flüsse Tavignano und Restonica und beschließen, dorthin zu wandern.

▲ Das Restonicatal reizt zum Wandern ...   ▼ ... und zum Klettern

▼ Wildwasser gibt es auf Korsika mehr als genug: Kanuten im Ascotal

Von Porto zum Monte Cinto

Korsikas schönstes Bergtal?

▬ Wenn Franzosen magische Orte auf Korsika nennen sollen, fällt ihnen zuerst das Restonicatal ein. Auf 14 Kilometern begleitet der kühle, klare Fluss mit meist flachen Ufern den Weg hinauf. Mal hat er große Steine weiß und rund gewaschen, dann spielt er über vier Steintreppen Wasserfall, um ein Stückchen später hinter Bäumen zu verschwinden und unter einer Brücke weiter Richtung Quelle zu locken.

SPECIAL

Stirbt die Schäferei?

Im Herbst, wenn fast alle Wanderer die schmalen Wege durch die Berge verlassen haben, die früher die einzigen auf der Insel waren, ist Petru Biancardini im Restonicatal unterwegs, allein. Einige Hundert Schäfer gibt es noch auf der Insel, er gehört zu den wenigen in einem Beruf, der die Jungen nicht mehr lockt. Etwa einen Monat braucht er, seine 150 Tiere zählende Ziegenherde zusammen zu suchen. Da hat sich ein Tier, von streunenden Hunden erschreckt, in den Bergen verirrt, ein anderes hat – verletzt – ein Fuchs erwischt. In einem einfachen Haus aus Steinen und Balken lebt der Schäfer mit seiner Frau, die Käse und Brocciu – fast Symbol für die korsische Küche – herstellt. Gut 1000 Tonnen Schafs- und Ziegenkäse werden jährlich von den etwa 300 Kleinproduzenten aus Rohmilch erzeugt. Die Nachfrage ist mittlerweile fünfmal größer – eine gute Perspektive für die Schäferei.

▲ Seit Genuas Zeiten wird die Tavignanobrücke der N 200 tagtäglich benutzt

▲ Zweckbauten: Bergeries de Grotelle im Restonicatal ▼ Alpenglühen: Reich des Monte Cinto

Die dichten Kastanien werden bald spärlicher, Oliven und Eichen lösen sie für kurze Zeit ab, bevor nur noch die bis zu 60 Meter hohen Lariciokiefern in den Himmel ragen und dann den Blick auf die Zweitausender freigeben. Wacholder und Thymian duften bis zu den Steinhäusern der Bergeries de Grotelle, einer Schäferei, die Fast Food auf Korsisch bereithält: ein Omelett mit Brocciu oder ein Stück köstlichen Käsekuchens. Spätestens hier ziehen auch die Autofahrer Wanderstiefel an, um das letzte Stück zum Lac de Melo hinaufzuklettern.

Apropos Autofahrer: Die Straße ist stellenweise wirklich nur 1,90 Meter breit und außen geht's steil bergab.

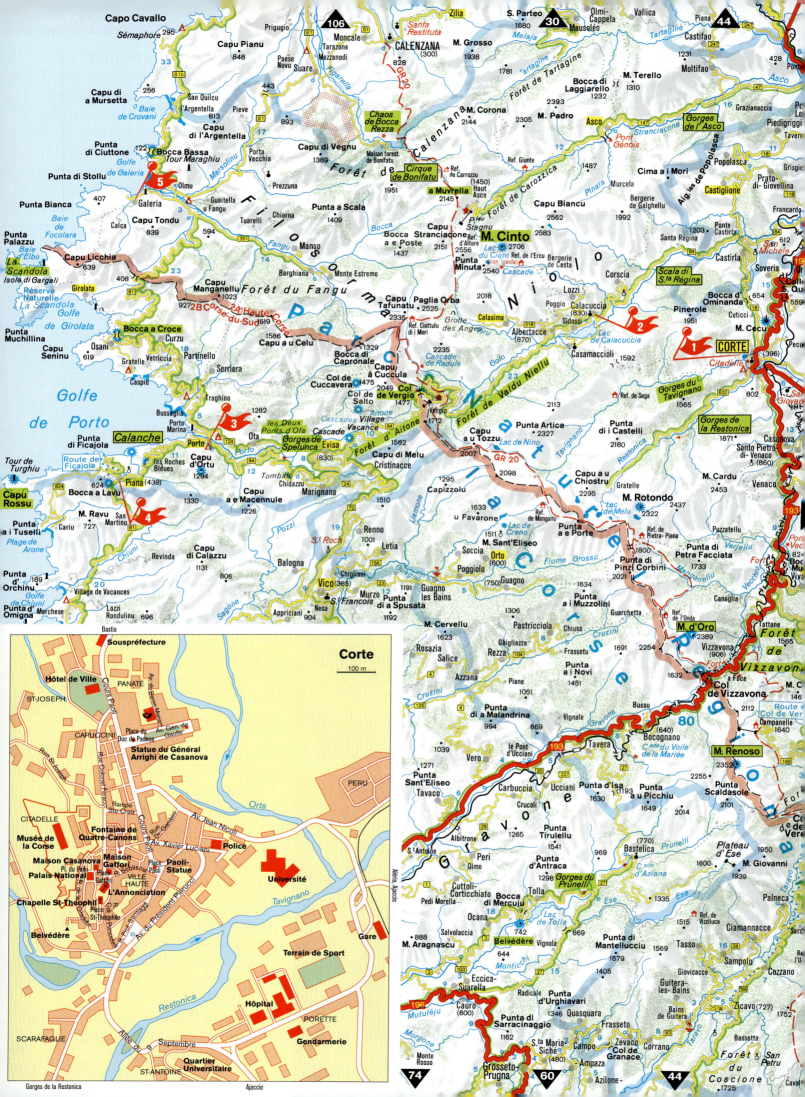

Von Porto zum Monte Cinto

Infos

CORTE ①

An der Kreuzung der wichtigsten Verkehrswege liegt die einstige Haupt- und heutige Universitätsstadt (6700 Einw.). Pascal Paoli, der Freiheitskämpfer, ist als Statue und in Platz- und Straßennamen allgegenwärtig. Wahrzeichen der im Tavignanotal liegenden Stadt mit auffallend bröckeligen Häusern ist die Zitadelle in der Oberstadt. Als die Genuesen den Ort im 13. Jh. an sich brachten, war er von geringer Bedeutung. Im Auftrag des Königs von Aragon ließ Vincentello d'Istria 1410 die Zitadelle errichten. Die Herren wechselten: 1434 Genua, 1459 die genuesische Bank des heiligen Georg, 1553 eroberte Sampiero Corso im Auftrag Frankreichs die Stadt, sechs Jahre später hatte Genua sie zurück, sie blieb umkämpft. Paoli machte sie zur Hauptstadt (1755–1769) seiner unabhängigen Republik. Mit dem Abzug der Fremdenlegion endete 1982 Cortes Militärgeschichte.

Sehenswert: An der Place Paoli steht die **Bronzestatue Paolis** (1864). Eine Treppe führt zur Oberstadt mit der Place Gaffori mit **Paolis Wohnhaus.** Gegenüber die Verkündigungskirche **Église d'Annonciation** (um 1450, im 17. Jh. erweitert); die Wachsfigur in einer linken Seitenkapelle stellt Theophil dar, den Schutzheiligen des Ortes und einzigen Korsen unter den Heiligen der katholischen Kirche. Vom Belvédère blickt man auf Unterstadt, Täler und drei Flüsse. An der Place du Poilu vor dem Zitadelleneingang der **Nationalpalast** (1750), Regierungssitz des unabhängigen Korsika. In der mittelalterlichen **Zitadelle** (Besichtigung an einen Museumsbesuch gekoppelt) ist seit 1997 das korsische **Volkskundemuseum** untergebracht, das sehr anschaulich die Inselgeschichte präsentiert; der **Fonds Régional d'Art** sammelt zeitgenössische Inselkunst (beide Juni–Sept. tgl. 10.00–19.45 Uhr, sonst kürzer, im Winter Mo. geschl.).

Veranstaltungen: Karfreitagsprozession und ›Granitola‹ am Gründonnerstag. Veranstaltungen der **Internationalen Sommeruniversität.**

Umgebung: In einem der schönsten Inseltäler, dem **Restonicatal,** fielen im Sommer 2000 16 % der Bäume einem Großfeuer zum Opfer. Hohe Felsen begleiten das enger werdende Tal. Von den Bergeries de Grotelle (15 km nach Einfahrt) kann man zum Hochtal mit dem **Lac de Melo** (1711 m hoch, 300 m Durchmesser, ca. 1,5 Std.) wandern und weiter zum Hochgebirgssee **Lac de Capitello** (1930 m hoch, 325 m lang).

ⓘ Office de Tourisme, Citadelle, F-20250 Corte, Tel. 0495462670, Fax 0495463405, www.corte-tourisme.com

CALACUCCIA ②

Der Hauptort (350 Einw., 830 m) der Niolo-Hochebene ist umgeben von Bergen und traditionellem Schäferland, seit jeher abgeschieden, heute Ausgangspunkt in ein Wanderparadies. Der Stausee ist Wasserreservoir für die Küstenebene, dient (wie auch der von Corscia) der Stromerzeugung und wird von Surfern benutzt.

Aktivität: Fünf leichtere Wanderwege (orange) sind für Tagesausflüge markiert (Infos beim Syndicat). Nur erfahrene Wanderer sollten sich auf den Weg zu den **Cinque Frati** machen (7 Std. ab Calasima, einem der höchstgelegenen Dörfer Korsikas). Ein Stück des **Wanderweges ›Mare a Mare Nord‹** führt (in 5 Std.) von Calacuccia zum **Bocca a l'Arinella** (1592 m, südl.). Der Aufstieg zum **Monte Cinto,** Korsikas höchstem Berg (2710 m) ist nicht ausgeschildert, erfordert sehr gute Kondition und ist von Mitte Juni bis Ende Okt. möglich, sonst ist mit Schnee zu rechnen.

Umgebung: Casamaccioli (5 km südw.) wird Anf. Sept. Schauplatz eines regionalen Marktes und des Festes seiner Heiligen. Richtung Corte passiert man die **Scala di Santa-Regina** an der Schlucht, die der Golo in den roten Granit gegraben hat; man kann tatsächlich den Pfad entlang der Schlucht für eine in den Stein gehauene Treppe halten. Ein Wanderweg (orange markiert) führt von Corscia (4 km östl.) auf alten Transhumancepfaden (Wege der Herden beim Auf- und Abtrieb im Frühjahr und Herbst) die Schlucht entlang (5 Std. hin und zurück). Der Wald von **Valdu-Niellu** ist einer der großen Höhenwälder, durch den der Wanderweg GR 20 führt. Fast in der Mitte zwischen Col und Niolo-Dörfern liegt das Forsthaus von Poppaghja an der D 84; von hier aus ist der Hochgebirgssee **Lac de Nino** (1743 m) zu erreichen (3–4 Std.).

ⓘ Syndicat d'Initiative, Route de Valdu-Niellu, F-20224 Calacuccia, Tel./Fax 0495471262, www.niolu.fr.st

PORTO ③

Gerade 450 Einw. hat der Ort im Winter. Ein Vielfaches an Menschen drängt sich im Sommer am Golf von Porto, dem wohl aufregendsten Küstenabschnitt Korsikas. Nicht zu Unrecht scheint der Ort deshalb fast ausschließlich aus Hotels zu bestehen, die meisten in schönster Lage.

Sehenswert: Der **Genuesenturm** (16. Jh.) zeigt eine Ausstellung zum Verteidigungssystem der Insel; Aquarium im ehem. Pulvermagazin (Aussichtsplattform; Sommer tgl. 9.00 bis 21.00, Winter tgl. 11.00–19.00 Uhr).

Veranstaltungen: In Evisa **Quadrille-Tanzfest** (Juli) und **Maronenfest** (Anf. Nov.).

Umgebung: Richtung Piana (11 km südl.) führt die Straße durch die bizarre Felsenlandschaft der **Calanche,** bis 300 m hoch, teilweise in Jahrtausenden zu ›Tafoni‹ durchlöchert. Mehrere ein- bis zweistündige Wanderwege (blau markiert) von Parkplätzen an der Straße; am schönsten ist der Maultierpfad (Sentier muletier), der neben einer Marienstatue in Höhe der Bar an der Straße beginnt. **Ota** (5 km östl.) in wunderschöner Lage in den Bergen ist der kleine Hauptort der Region und guter Ausgangspunkt für Wanderungen nach Evisa (6 Std. hin und zurück) und zur Spelunca-Schlucht mit Bademöglichkeiten. **Evisa** (14,5 km östl.) ist der Mittelpunkt eines herrlichen Wandergebietes. Im Wald von **Aitone** Kaskaden (von D 84 eine gute Stunde) mit Bademöglichkeit.

ⓘ Office du Tourisme, Place de la Marine, F-20150 Porto, Tel. 0495261055, Fax 0495261425, www.porto-tourisme.com

PIANA ④

Über dem Golf gelegen (435 m), ist das Dorf ein guter Blick- und Ausgangspunkt für die Calanche.

Umgebung: Zum **Capu Rossu,** 300 m über dem Meer mit Wachtturm, geht man 3 Std. hin und zurück vom Hinweis an der Straße nach Arone. Den kleinen Sandstrand von **Ficajola** (4 km nördl.) umgeben rote Granitwände.

ⓘ Syndicat d'Initiative, Hôtel de Ville, F-20115 Piana, Tel. 0495278442, www.sipiana.com

GALÉRIA ⑤

Zwischen spektakulären Naturschönheiten liegt der bescheidene Badeort (300 Einw.) mit abgeschiedenen grauen Kiesstränden an der Mündung des Fango. Der Ort ist ein Etappenziel auf dem Wanderweg ›Mare e Monti‹, der Calenzana bei Calvi mit Cargèse verbindet

Umgebung: Der asphaltierte Weg ins **Fangotal** führt in einen der schönsten und größten Kastanienwälder Korsikas, leider häufig von Waldbränden heimgesucht. Hinter **Tuarelli** (12 km) ein hoher Felsen mit einem darunter liegenden Wasserbecken, den Kunstspringer nutzen. Das Fischerdorf **Girolata** (18 km südl.; kleines Genuesenfort, Restaurants) ist nur zu Fuß (6 Std. auf dem Pfad ›Mare e Monti‹), kürzer vom Bocca a Croce an der Straße nach Porto oder per Schiff erreichbar. Nur vom Wasser aus darf man das Naturreservat **La Scandola** auf der bergigen, wüstenähnlichen Halbinsel im Norden des Golfes von Girolata besichtigen (Bootsfahrten von Porto aus).

ⓘ Syndicat d'Initiative, F-20245 Galéria, Tel./Fax 0495620227

Maßstab 1:250.000

Calvi und die Balagne

Gartenland und GR 20

Schon vor 100 Jahren wurde Calvi Modebad und ist es geblieben. Das liegt nicht nur an den zahlreichen schönen Stränden bis hinüber nach Ile-Rousse, sondern auch am reizvollen Hinterland mit dem ausgedehnten Kiefernwald von Bonifatu, in dem der GR 20 – ein im Wortsinn ›Grande Randonnée‹ – seinen Anfang nimmt. Von den Bergdörfern der Balagne blickt man hinunter aufs Meer – so von Pigna, wo mit traditionellem Gesang und Kunsthandwerk eigenständiges Kulturgut wiedererweckt wurde.

Blick von Notre-Dame de la Serra: Um Calvis Zitadelle entstand eine Urlaubslandschaft erster Güte.

▲ Calvi: Blick hinab von der Zitadelle auf den Quai Landry. Im Vordergrund ist der Salzturm zu sehen

▲ Chants Polyphoniques in der Kathedrale

▲ Quai Landry: Urlaubsstimmung beherrscht die Cafés   ▼ Zum Wohlfühlen: Calvis Hotel ›La Villa‹

Calvi und die Balagne

Ein Prinz, Tao Kerekoff, erweckte Calvi zwischen den Kriegen aus dem touristischen Dornröschenschlaf. Tänzer im Gefolge des Fürsten Jussupoff, der vor den Bolschewiki floh, schuf er in der Zitadelle einen Nachtclub, den die damalige Schickeria der Côte d'Azur per Jacht anpeilte. Aber das ist nichts, verglichen mit der Berühmtheit des Mannes, der angeblich 1451 in Genua geboren wurde, aber seinen Geburtsort nie nannte: Kolumbus! So scheint es durchaus möglich, daß er als Genuese in der Genua-getreuen Zitadelle Calvis bereits 1441 zur Welt kam: als Cristofanu Columbo, der 1492 als erster Amerika entdeckt haben soll. Am Zitadellenzugang ragt seine Büste, ein Mauerrest soll von seinem Geburtshaus stammen.

Im Sommer den Schönen

Die Balagne mit ihrem Hauptort Calvi gilt als Côte d'Azur Korsikas. Zwischen zwei ›Wüsten‹ gelegen, blüht die Macchia hier üppiger, schimmern die Blätter unzähliger Olivenbäume silbern in der Sonne, reiht sich vor den Pinien ein schöner Strand an den anderen. Mit 130 Privatflugzeugen auch an Wochenenden der Vorsaison ist der kleine Flughafen mehr als ausgelastet. An eleganten Ferienresidenzen ist kein Mangel, an schicken Geschäften auch nicht. Zahl, Größe und Ausstattung der Jachten im Hafen deuten darauf hin, dass ausreichend Bedarf besteht.

›Civitas semper fidelis‹ steht seit 1555 über dem Eingang zur Zitadelle so ganz unkorsisch: ›Die Bürgerschaft ist stets treu‹. Treu wem? Den Genuesen, selbst in den Jahren der Unabhängigkeit Korsikas unter Pasquale Paoli. Europas letztes Söldnerheer, die Fremdenlegion, ist hier noch mit einem Regiment Fallschirmjäger vertreten. Wind weht über dem Wehrgang mit drei Bastionen, der das Gelände umschließt. Calvi ist Frankreich treu und dem blühenden Tourismus, was – man muss schon sagen – ›naturgemäß‹ nicht immer den Beifall der Autonomiebewegungen findet. Schnellfähren und Kreuzfahrt-Großsegler laufen den Hafen an. Großregatten, Tennismeisterschaften und Musikfestivals unterhalten Bewohner und Besucher, Hotels und Residenzen lehnen sich ans Vorgebirge.

▲ Eher eine Treppe: Piazza d'Arme vor der Kathedrale   ▼ Pinienwald Pinède de Calvi

▲ Hinter dem Bonifatu-Forsthaus: Cirque de Bonifatu ▼ Forêt de Bonifatu: Weg zur Refuge de Carozzu

▼ Durch das Figarellatal

Calvi und die Balagne

Über den Wolken unterwegs

🟥 Wer Erholung vom quirligen Strand sucht, findet reichlich Schatten im Kiefernwald von Bonifatu. Dort, im Hinterland des Flughafens, kann man in zwei lange Trekking-Pfade einsteigen, den stets meeresnahen, landschaftlich vielleicht schönsten und abwechslungsreichsten ›tra Mare e Monti‹ nach Cargèse und den höchst anspruchsvollen, alpinen GR 20. Während der erste rüstige Wanderer nicht überfordert, sollte man auf den zweiten gut vorbereitet sein. Wetterumstürze sind hier auch im Hochsommer nicht ungewöhnlich.

Nicht zur Nachahmung empfohlen sind die stets erneuerten Versuche, ohne Blick für Landschaftsschönheit Schnellster auf dieser Strecke zu sein. Da gibt es für die 170 Kilometer nach Conca im Süden aberwitzige Rekorde um 37 Stunden!

▲ Gleitschirme am Salvi-Pass   ▼ Die Refuge de Carozzu ist Zwischenstation am GR 20

▼ Bei Montegrosso blüht die Macchia

> **SPECIAL**
>
> ### Die Macchia
>
> Das Wort, französisch Maquis, stammt vom korsischen Mucchiu, das mehrere Arten von Zistrosen bezeichnet. Im Mai blühen sie weiß, rosa und gelb, den Duft ihrer Blüten und klebrigen Blätter meinte Napoleon schon auf dem Meer zu erkennen. Fast undurchdringlich machen die Macchia mit langen Dornen bewehrte Pflanzen wie Ginsterarten, in höheren Lagen auch buschartige, immergrüne Eichen. Aus den Wurzelknollen der Baumheide (Bruyère) werden Pfeifen geschnitzt, der Erdbeerbaum (Arbouse) trägt im Winter zugleich weiße Blüten, grüne, gelbe und rote Früchte. Zum Meer hin wachsen Wacholder, Pistazienbüsche und Myrte.

Die normalen Wanderer mit schwerem Gepäck, Zehntausende im Jahr, meist Bergfreunde aus Frankreich, Deutschland, England und Holland, brauchen für die Inselquerung 15 Tagesetappen, andere begnügen sich mit einem Teilabschnitt, manche sind bald überfordert und steigen an einem Querpfad aus, um über ein Bergdorf in die Zivilisation zurückzukehren.

Immer eine Herausforderung

🟥 Die wohl beeindruckendste, aber auch schwierigste Etappe ist, von Norden aus gesehen, die vierte von der Refuge d'Asco

▲ *Montegrosso: Montemaggiore in Bilderbuchlage* ▼ *Wachen am Giebel: Aregnos Église de la Trinité*

▲ *Notre-Dame de la Serra* ▼ *Couvent de Corbara*

Calvi und die Balagne

▼ *Cateri: Enge um die Kirche herum bringt Sicherheit und Vertrautheit*

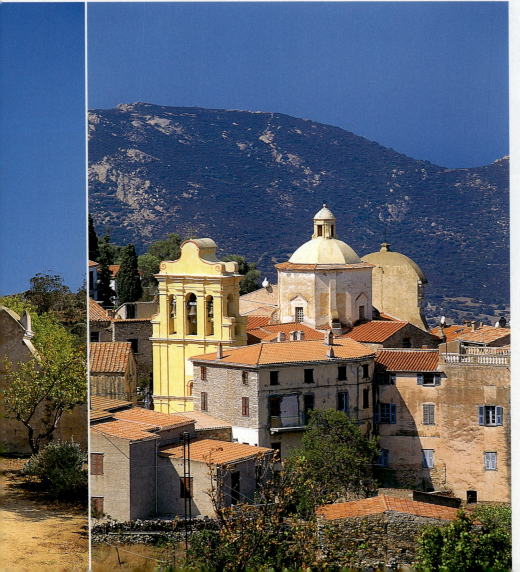

Stagnu zur Bergerie de Ballone. Auf den ersten Blick scheint der Cirque de la Solitude unüberwindlich, und man muss wirklich eine steile Wand hinunterklettern. Hilfreiche Ketten im Fels machen es möglich. Im Hochsommer kann die Reihe der Wartenden lang und bunt werden.

Im Schnitt auf 1500 Metern Höhe, durchquert der GR 20 ganz unterschiedliche Landschaften mit Pinienwäldern, Granitmassiven und Alpenseen. Von Nordwest nach Südost folgen die Wanderer auf dem Gebirgskamm dabei der Wasserscheide, in täglichen Touren von fünf bis acht Stunden. Nur drei Weiler liegen auf der Strecke, Haut-Asco, Vizzavona und Bavella. Aber es gibt bescheiden ausgestattete Berghütten und gelegentlich Schäfereien. Ausreichend Proviant und Schutzkleidung sollte dabei sein, denn die meisten Hütten sind nicht bewirtschaftet, und bis Juni kann auf den Höhen Schnee liegen.

Für nicht so Ehrgeizige gibt es noch fast 1500 Kilometer bezeichnete Wanderwege, jedes Frühjahr von knapp zwei Dutzend Mitarbeitern der Naturparkverwaltung gereinigt und bei Bedarf ergänzt. Das ändert nichts daran, dass mancher Weg, weil nicht benutzt, auch schnell zu einer wilden Müllkippe führt.

Hinter der Roten Insel

▬ Im Sommer verbindet die ›Tramway de Balagne‹ Calvi mit Ile-Rousse, ist sozusagen Bäderbahn. Die rote Insel mit Genuesen- und Leuchtturm hat man mit einem Damm zur Halbinsel gemacht. Die Stadt Isola Rossa zu ihren Füßen war bis zur Französischen Revolution Paolivilla, 1758 von Pascal Paoli in revolutionärer Absicht gegründet – gegen das genuesentreue Calvi. Heute ist sie in Ferienzeiten fest in der Hand der Festlandurlauber.

Neue alte Heilmittel

▬ Der ›Garten Korsikas‹, vor einem halben Jahrhundert versengtes und verödetes Hinterland von Ile-Rousse, wird heute wieder intensiv genutzt. Ein Stausee liefert Olivenhainen, Weideflächen und Vorgebirgsdörfern Wasser.

Am frühen Morgen sind dort in der Macchia Menschen unterwegs, die das unwegsame Grün besonders aufmerksam

▲ Lumio: Hinter schützenden Bergen gedeiht guter Wein, ...   ▼ ... der auch gern selbst getrunken wird

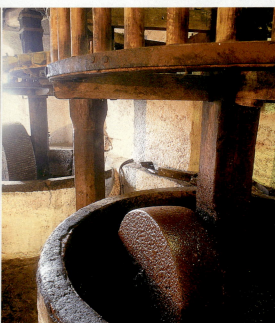
▲ Über 200 Jahre: Ambrosinis Ölmühle in Feliceto

▼ Oberhalb von Lumio liegt Occi, ein Dorf, in dem heute nur noch Wanderer Station machen

Calvi und die Balagne

▲ Speloncato gilt als schönstes Balagne-Dorf

▼ Zur Erntezeit: Netze erleichtern das Einsammeln

durchstreifen. Sie sind auf der Suche nach den etwa 20 Gewächsen, die für die Gewinnung von aromatischen Ölen und als Heilpflanzen von Nutzen sind. Das Bedürfnis nach natürlichen und rückstandsfreien Produkten hat schon 1993 zur Gründung einiger Kleinbetriebe geführt, die sich auf so genannte Wildpflanzen spezialisiert haben. Einer dieser Betriebe ist ›A Stratella‹ in Lumio. Der korsische Name für Zwergwacholder verrät nur einen kleinen Teil des Angebots: ›A Stratella‹ erntet 200 Tonnen Pflanzen im Jahr – Myrte, Immortellen, Lavendel, Rosmarin, Wacholder, Mastix –, um daraus 250 bis 300 Kilo essenzieller Öle zu gewinnen.

SPECIAL

Korsische Gesänge

Die traditionelle korsische Musik, die Polyphonie, lange als Klagegesang geradezu geächtet, hat in den vergangenen Jahrzehnten den Weg auf die Weltbühne gefunden. Um 1975 wurden sie nur noch von einzelnen, alten Schäfern in abgelegenen Dörfern zu Festtagen angestimmt: als ›Pulifonia‹, einem a-capella-Vortrag in archaischer Mittelmeertradition, aber in einer nur hier entwickelten Form, der mächtigen ›Paghiella‹. Drei Stimmen ergänzen und überlagern sich: die Segonda gibt den Ton an, der Bassu unterstützt, die Terza reichert an, doch jede Stimme behält mit eigenen Zäsuren und Höhepunkten ihre Selbständigkeit. Bei der Eröffnungszeremonie der Olympischen Winterspiele 1992 in Albertville trugen die Sängerinnen und Sänger der Nouvelles Polyphonies Corses diese Musik in die Welt. Heute treten viele Inselgruppen auch international auf.

Während der Kleinbetrieb in Lumio nur wild wachsende Pflanzen pflückt, werden in der Ebene von Aléria Heilpflanzen gezielt angebaut. Von Europa bis in die USA und Japan ist die Industrie daran interessiert. Weltweit wächst die Wertschätzung sanfter Medizin und biologischer Kosmetik und ein entsprechender Markt.

Musik, die es nur hier gibt

▬ Wie ein korsisches Zauberbuch enthüllt Pigna seine Geheimnisse nach und nach. Es liegt auf einem Hügel. Hell sind die Steine

▲ Familienstrand: Algajola mit seiner Zitadelle

▼ ›Bäderbahn‹: Station der Balagnebahn in Algajola

▼ Inmitten einer Blütenpracht: Casa di l'Artigiani in Pigna

Calvi und die Balagne

▲ Als wäre hier das Baden erfunden worden: Strand von Lozari

›Tag und Nacht‹: Toni Casalonga arbeitet in Pigna   ▼ Klein, aber mein: Epicerie in Belgodere

der Häuser an engen Kopfsteinpflastergassen, überall blühen Blumen, und offene Türen führen in Töpfereien, zu hübsch verpackten korsischen Lebensmitteln oder zu Menschen, die Holzbühnen für Spieluhrenfiguren bauen. Ein kleines Café mit Sommergarten, wie ein Balkon über dem Meer. Und die ›Casa Musicale‹, Seele des Ortes seit 1985: Musikschule, Ort der Erforschung mediterraner Musik, hübsches Hotel, gutes Restaurant – in einmaliger Lage zudem – und vor allem Treffpunkt von Musikern. Pigna war mit der ›Corsicada‹ nicht nur ein Angelpunkt des Kunsthandwerks, sondern auch eines neuen Selbstbewusstseins, des ›Riacquistu‹.

Die neuen Gruppen wie ›Soledonna‹ nutzen auch aktuelle Technik. Elektronik lässt vielleicht die Wurzeln vergessen, doch die Texte machen sie dann doch wieder hörbar. ›A Filetta‹ hat traditionelle polyphone kirchliche wie profane Musik in seinem Repertoire und freut sich daran, dass es allein in der Balagne eine singende Szene mit etwa einem Dutzend unbekannterer Gruppen gibt, die mit neuen Wegen experimentieren. Größter Erfolg der korsischen Musik ist bisher die Musik zum Film ›Himalaya‹. Die Produktion der ›A Filetta‹ gemeinsam mit tibetanischen Sängern hat 2000 den ›César‹ für die beste Filmmusik bekommen.

Schönheiten, abseits gelegen

So spektakuläre Erfolge sind mit anderen Kunstformen nicht zu erlangen – beispielsweise mit dem mittelalterlichen Adlerhorst Sant' Antonino. Wie anders als kunstvoll soll man dieses Bauen nennen? Das Dorf klebt auf einem Granitvorsprung, ist nur ein Eckchen im Balagne genannten Amphitheater vor dem Mittelmeer. Bis in die 1960er-Jahre holten die Bewohner ihr Wasser mit einem Maulesel aus dem Tal – damals haben alle in der Familie aus einem Glas getrunken, um keinen Tropfen zu verschwenden. In Feliceto, in der Glasbläserei, entstehen Gläser, die so aussehen, als seien eben diese Wassertropfen in ihnen für immer gefangen.

Und wieder Architektur: Speloncato, sagen manche, sei das mit Abstand schönste Balagne-Dorf: Nur eine Handvoll Häuser und eine große Kirche zwischen grünen

▲ Man sieht sich, trifft sich ... ▼ ... auf der Place Paoli

▲ Namengebende Isola Rossa mit Genuesenturm ▼ Löschflugzeuge – hier nach dem Wasseraufnehmen – gehören zum sommerlichen Bild Korsikas

Calvi und die Balagne

▲ Korsische Produkte sprechen alle Sinne an: in Ile-Rousse ▼ Dem Gründer: Paolibüste

Bergen um einen Platz mit sprudelndem Brunnen auf einem Felssporn.

Hinter dem Vorgebirge und doch der viel besuchten Küste so nah, gibt es ein Stückchen Erde abseits aller Touristenwege, von der Geschichte vergessen und den meisten Bewohnern verlassen: das weite grüne Hochtal Ghjussiani. Vier Dörfer nur, von denen der nichts ahnt, der durch ein trostloses Stück Landschaft kommt, in dem selbst die Blumen dem Frühjahr nicht zu trauen scheinen. So traurig und vereinzelt stehen sie in karger Landschaft. Und dann die Überraschung, das üppige Grün auf den Höhen, Kastanien, Kiefern. Nur eine Straße (D 963) führt durch das Gebiet, dessen Hauptort Olmi-Cappella heißt. Pioggiola, Vallica und Mausoléo heißen die andern, und alle verbindet neben der außerordentlichen Lage das Theater.

Die Inszenierung Korsika

Jeden Sommer sammelt der Schauspieler Robin Renucci in diesen Dörfern eine stetig wachsende Schar von begeisterten Menschen zu einem sommerlichen Theatertreffen um sich, Jung und Aplt, Amateure und Profis. Als Bühnen dienen Plätze und Gebäude. Sogar die Premiere einer korsischen Oper gab es bereits zu Füßen des 2393 Meter hohen Monte Padro, dem Nordpfeiler der alpinen Wasserscheide. Die Besucher reisen über Speloncato und einen 1100-Meter-Pass an, um in einem neuen Theaterbau aus Lariciukiefer und Kastanienholz das ungewöhnliche Kulturereignis zu verfolgen.

Die Region ist Renuccis Heimat, seine Kinder gingen hier zur Schule. Und die Idee zu den Theater-Sommern ist bei einem Treffen internationaler Künstler entstanden. Seitdem kommen sie jedes Jahr – Amerikaner und Mexikaner, Griechen, Italiener, Finnen, Japaner. Es ist immer anders. Hunderte arbeiten mit, an den Planungen, den Vorbereitungen. Und dann finden Vorstellungen in den vier Dörfern statt.

Renucci sieht eine Verbindung zwischen dem Theater und der Seele Korsikas, hält die Korsen für theatralisch in tieferem Sinn: Das Theater sei der Ort, wo man lacht, wo man weint, wo man sogar seinen Bruder tötet – aber wenn der Vorhang gefallen ist, dann ständen alle wieder auf.

Calvi und die Balagne

Infos

CALVI ①

Die Hauptstadt (5300 Einw.) der Balagne und Hafenstadt im Nordwesten Korsikas liegt zwischen zwei Buchten auf einer Landzunge, beherrscht von einer mächtigen genuesischen Zitadelle, und ist mit kilometerlangem Sandstrand seit Beginn des 20. Jh. beliebter Ferienort. Mit Sicherheit war die ›gute Lage‹ schon in der Antike besiedelt, aber erst die Genuesenherrschaft im 13. Jh. gab Calvi einen Platz in der Geschichte. Es wurde Genuas Stützpunkt mit autonomem Status, widerstand im 16. Jh. den Eroberungsversuchen Sampiero Corsos und nahm im 18. Jh. die Gegner Paolis während der Unabhängigkeitskriege auf. Von Paolis Anhängern und Engländern bombardiert, wurde die Stadt 1794 schwer zerstört; bei dieser Belagerung verlor der spätere Seeheld Nelson ein Auge. Civitas semper fidelis – dieser Treueschwur galt Genua.

Sehenswert: Im 12. Jh. wurde mit dem Bau der **Zitadelle** begonnen; von Mauern und Bastionen (überw. 15. Jh.) blickt man auf Stadt und Golf. Der **Palast der Gouverneure** (1483–1492, heute Caserne Sampiero) ist nicht zu besichtigen, das **Oratorium St-Antoine** (1510), Sitz der gleichnamigen Bruderschaft, nur innerhalb einer Führung (Mo.–Fr. nach Abspr. mit Office de Tourisme); es beherbergt ein kleines Museum sakraler Kunst. Die **Kathedrale St-Jean-Baptiste** (13. Jh., zerstört und 1570 wieder aufgebaut) mit Marmoraltar (17. Jh.) und Alabaster-Weihwasserbecken (1443) enthält auch den Ebenholz-Christus der Wunder (15. Jh.), der eine türkische Belagerung 1555 beendet haben soll, sowie, hinter Glas, die Jungfrau vom Rosenkranz, eine Marienstatue aus Sevilla (1757). In der Karwoche wird sie in hellblauer Robe ausgestellt, trägt dann zur Karfreitagprozession schwarz, am Ostermontag Goldbrokat.

Aktivitäten: **Zitadellenführung** (Citadelle Aventure für Kinder), **Bootsfahrten** (9.00 Uhr ab Hafen zum Reservat Scandola, nach Girolata und zur Seehundsgrotte auf der Halbinsel Revallata), **Wracktauchen** (zum B 17-Bomber; Tauchunterricht bei École de Plongée Internationale, Tel. 0495654390, bzw. Calvi Castille, Tel. 0495651405, beide am Hafen). **Wandern** (Forêt de Bonifatu).

Veranstaltungen: Karfreitagsprozession mit ›Granitola‹. **Jazzfestival** in der 2. Juni-Hälfte. **Großfeuerwerk** am Nationalfeiertag (14. Juli). ›Calvi on the Rocks‹ nennen sich die Rockmusik-Tage in der 2. Juli-Hälfte. Im Sept. **Internationales Polyphonie-Treffen.** Das **Windfestival** ›Festiventu‹ im Okt. bietet Attraktionen vor allem für Familien.

Umgebung: Die Halbinsel Revallata (7 km westl.) mit schöner Aussicht ist auch zu Fuß gut erreichbar. 6 km südw. auf einem Hügel die Kapelle **Notre-Dame de la Serra** (19. Jh.) mit wunderschönem Blick auf die Küste. **Lumio** (10 km östl.) liegt in einem Oliven- und Weingebiet. Ferienanlagen bietet die einstige Festung **Algajola** (20 km östl.) mit Resten einer Zitadelle aus dem 17. Jh. (Privatbesitz); der Handelsort verlor seine Bedeutung in dem Maße, wie Ile-Rousse aufstieg.

ⓘ Office Municipal de Tourisme, Port de Plaisance, F-20260 Calvi, Tel. 0495651667, Fax 0495651409, www.balagne-corsica.com

L'ILE-ROUSSE ②

Die wärmste Stadt Korsikas (2800 Einw.), nach den roten Granitfelsen der Halbinsel de la Pietra benannt, ist mit drei Sandstränden und schönem Hinterland beliebtes Ferienziel. Hier hatte Paoli 1758 seine Hafenstadt als Konkurrenz zum genuesentreuen Calvi gegründet und wacht auf der Place Paoli als Denkmal inmitten von Palmen über Boulespieler, Pastis- und Kaffeetrinker.

Sehenswert: Saniert zeigt sich die alte **Markthalle**, wie ein griechischer Tempel von Säulen umgeben. Im Luxushotel ›Napoléon Bonaparte‹ (1929), das wie ein Schlösschen im Garten steht, hatte 1953 Mohammed V., König von Marokko, gewohnt – im Exil.

Aktivität: An Jacht- und Fischereihafen vorbei geht es zur namengebenden Felshalbinsel mit Leuchtturm. **Schwimmen** an drei Ortsstränden sowie an den zwei nahen Bodri-Stränden. **Reiten** an der Straße nach Bastia; dort auch erklärt der Parc de Saleccia Macchia-Pflanzen und Olivenkultur.

Umgebung: Der schönste, längste Sandstrand liegt bei **Lozari** (7 km östl.). Von **Belgodere** (8 km südw.) blickt man wie von einem Balkon auf das Meer. Wunderschön und weltabgeschieden liegt **Speloncato** (17 km südöstl.) auf einem Felsen, von grünen Hügeln und blauem Himmel umgeben. In **Feliceto** (8 km südl.) eine Glasbläserei (unterhalb der Kirche), die seit über 20 Jahren in Betrieb ist.

ⓘ Office de Tourisme, Place Paoli, F-20220 L'Ile-Rousse, Tel. 0495600435, Fax 0495602474, www.ot-ile-rousse.fr

PIGNA ③

Ein verblüffend schönes Dorf (70 Einw.) hängt auf einem Felssporn und lockt Rundreisende zuhauf auf seinen Parkplatz am Ortseingang. Die ›Corsicada‹ – eine Bewegung, gegründet, das korsische Kunsthandwerk wieder zu beleben – hat dem praktisch verlassenen Dorf eine neue Zukunft beschert. Sanierte Häuser an Treppengassen führen zu Töpfern, Spieluhrenbauern, einer Galerie und drei Restaurants.

Veranstaltungen: In einem erdfarbenen Auditorium ganzjährig **Konzerte** und **Themenabende**. Anfang Juli bezieht die **Festwoche** ›Estivoce‹ mit mediterranen Künstlern das ganze Dorf mit ein (Tel. 0495617313).

Umgebung: Zum mittelalterlich wirkenden Dorf **Corbara** (6 km westl.) gehört das südl. gelegene Dominikanerkloster (1456), das auch Gäste beherbergt (Tel. 0495481285). **Aregno** (6 km südw.) inmitten von Orangen- und Zitronenbäumen an einem Hügel hat am Ortsrand am Friedhof mit der Kirche de la Trinité ein kleines pisanisch-romanisches Schmuckstück (12. Jh.), das an San Michele bei Murato erinnert. Das uralte **Sant' Antonino** (6,5 km südöstl.) auf einem Felssporn gewährt einen weiten Blick über die Balagne.

CALENZANA ④

Das Dorf (1750 Einw.) ist Wanderern aus aller Welt ein Begriff. Hier beginnt der berühmte große Wanderweg quer durch den Naturpark Korsikas (GR 20, ca. 200 km) nach Conca.

Sehenswert: 1 km außerhalb steht die **Kapelle** der dort in einem Sarkophag entdeckten Märtyrerin Ste-Restitude (3. Jh.).

Aktivitäten: Der rot-weiß markierte Trekkingpfad GR 20 ist im ersten Abschnitt zugleich Startetappe des **Wanderwegs** ›Mare e Monti‹ nach Cargèse. zweimal tgl. verbindet ein Bus (›Les Beaux Voyages‹; Juli–15. Sept. außer So. und Fei.) mit Calvi.

Umgebung: In **Montegrosso** (11 km nördl.), mit wunderbarem Blick auf den Golf von Calvi, wird Mitte Juli zwei Tage lang das Olivenfest ›A fiera di l'Alivu‹ gefeiert. Der Wald von **Bonifatu** (18 km südl.) ist über die D 251 zu erreichen, die bei der Auberge de la Forêt endet. Auch hier Einstieg in den GR 20 und Badestellen in der kühlen Figarella.

ⓘ Maison du GR 20, F-20214 Calenzana, Tel. 0495628778

ASCO ⑤

Das einzige Dorf (135 Einw.) im Ascotal wurde erst 1937 ans Straßennetz angeschlossen. Es liegt am Ende einer wunderschönen Schlucht, die sich mit Felsen und Wäldchen Richtung Ponte Leccia hinzieht. Almwirtschaft und herrlicher Honig gehören zu den Einnahmequellen.

Aktivitäten: Jenseits der Genuesenbrücke (Ortsausgang) bildet der Fluss schöne, kühle **Badebecken**, und bis Mai/Juni kann man hier **Wildwasserfahrten** beginnen.

Umgebung: In Haut-Asco (15 km) auf dem 1450 m hoch gelegenen Hochtal wurde Korsikas erstes, im Vergleich mit Alpenorten bescheidenes Wintersportzentrum eingerichtet.

Méditerranée), die wie Air France per Internet auf www.airfrance.fr gebucht werden kann. **Charterflüge** aus der Schweiz, Deutschland, Österreich und Holland landen meist in Calvi. **Autofähren** gehen ab Marseille mit der SNCM und La Méridionale (www.sncm.fr) nach Ajaccio, Calvi, Ile-Rousse, Bastia, Porto Vecchio und Propriano, von Nizza auch als Schnellfähre. Die Corsica Ferries (www.corsicaferries.com) laufen von Toulon, Nizza, Savona und Livorno aus Ajaccio, Calvi, Ile-Rousse und Bastia an. Die Mobylines (www.mobylines.de) bedienen Bastia von Genua und Livorno aus.

AUSFLÜGE

Wer nicht mit eigenem Fahrzeug unterwegs ist oder die oft schmalen, kurvenreichen Straßen scheut, kann von Städten und Badeorten aus an Sightseeing-Touren mit Reisebussen teilnehmen. Für Kurzausflüge mit dem eigenen Wagen empfehlen sich die gekennzeichneten Routen ›Strada di l'Artigiani‹ und der ›Strada di i Sensi‹, die zu Kunsthandwerkern, Kleinproduzenten und ländlichen Gästezimmern führen. Im Landesinneren gibt es nur wenige Tankstellen.

CAMPING

Die etwa 100 offiziellen Campinganlagen der Insel liegen überwiegend in Küstennähe, oft nur wenige Schritte vom Meer. Wie Hotels sind sie je nach Ausstattung mit ein bis drei Sternen bewertet. Geöffnet meist nur zwischen Mai und Ende Sept. ›Wildes‹ Campen ist verboten. Und Macchia sollte man wegen der Brandgefahr unbedingt meiden. Informationen neben den üblichen Camping-Verzeichnisse auch unter www.allerencorse.com und www.corsicacamping.com.

FESTE UND VERANSTALTUNGEN

Besondere Bedeutung haben religiöse Feste, und der Karfreitag wird überall auf der Insel unter großer Anteilnahme der Bevölkerung mit Prozessionen der verschiedenen Bruderschaften gefeiert (Bonifacio, Calvi, Corte, Erbalunga, Bastia, Sartène).

Das musikalische Jahr beginnt Ostern mit Konzerten korsischer Gruppen in Dörfern und Städten. Ein Jazzfestival findet Ende Juni in Calvi statt, und im Juli gibt es Musik von Pigna in der Balagne bis Ajaccio. Polyphone Klänge aus aller Welt bestimmen ein 5-Tage-Treffen im Sept. in Calvi, zum Arte-Mare-Festival Mitte Nov. in Bastia wird jedesmal ein anderes Mittelmeer-Land eingeladen.

Produkte aus der Landwirtschaft und Kunsthandwerk werden auf den Märkten angeboten – im Juli beim Weinfest in Luri am Cap, beim Olivenfest nach dem 14. Juli in Montemaggiore,

SPECIAL

Korsische Sprache

Sie hat kelto-ligurische Wurzeln, wurde dann lateinisiert und von einem mittelalterlichen, toskanischen Italienisch geformt. Als Schriftsprache verdrängte dieses Idiom erst Anfang des 20. Jh. das Italienische, offizielle Sprache ist seit Ende des 19. Jh. Französisch. Paris hat die lingua corsa lange unterdrückt, die Generation der heute 50-60-Jährigen durfte in der Schule die Sprache der Vorfahren weder lernen noch sprechen. Sie ist nun wieder Wahlfach an den Schulen, es gibt zweisprachige Kindergärten. Frankreich hat aber die Europa-Konvention zum Schutz der Regionalsprachen noch nicht ratifiziert, Korsisch allerdings zum ›nationalen‹ Kulturerbe erklärt. Ein Korse kann sich ohne größere Schwierigkeiten mit Sarden, Italienern, Provenzalen, Katalanen und Spaniern unterhalten.

ADRESSEN

Allgemeine Informationen gibt es beim ›Maison de la France‹ genannten Französischen Fremdenverkehrsamt, Zeppelinallee 37, 60325 Frankfurt/Main, Tel. 09001/570025 (0,49 Euro/Min.), Fax 09001/599061 (0,49 Euro/Min.) und auf den Internetseiten www.franceguide.com und www.visit-corsica.com; von letzterer lassen sich auch Broschüren zum Korsika-Urlaub herunterladen, darüber hinaus auch weitere Broschüren bestellen.

ANREISE

Die vier Inselflughäfen Ajaccio, Bastia, Calvi und Figari werden ganzjährig von **Liniengesellschaften** angeflogen. Im Direktflug gelangt man von Paris mit der Air France auf die Insel, von Marseille und Nizza mit der CCM (Compagnie Corse

REISEDATEN KORSIKA

Flug von Deutschland	Inlandsverkehr	Reisepapiere	Währung	Mietwagen	Benzin	Hotel	Ferienwohnung	Menü	Einfaches Essen	Ortszeit
Köln–Bastia ab 90 €	Bahnfahrt Bastia-Ajaccio 25 €	Personalausweis oder Reisepass	Euro	ab 250 € pro Woche (unbegrenzte Kilometer, Versicherung)	1 Liter Superbenzin ca. 1,50 €	DZ/Frühstück: Luxuskategorie ab 230 €, Mittelklasse ab 50 €	Hochsaison ab 500 € pro Woche	3 Gänge pro Person ab 15 €	›Plat du Jour‹ ab 12 €	MEZ/MSZ

Service

DATEN UND FAKTEN

- **Landesnatur:** Als nach Sizilien und Sardinien drittgrößte Insel des westlichen Mittelmeers ist Korsika mit 8720 km² ein Hochgebirge im Meer. Es liegt mit rund 83 km Abstand näher zum italienischen Festland als zur französischen Küste (170 km). Bei einer Länge von 183 km, einer größten Breite von 83 km und einer Landenge von nur 10 km bei Bastia beträgt die extrem variable Küstenstrecke 1047 km.

  Die westliche Region umfasst nahezu zwei Drittel der Insel; geologisch ist sie kristallin-granitisch, nordöstlich und bis zur Cap-Spitze ist sie schieferartig. Nur bei St-Florent und Bonifacio tritt Kalkstein zutage. Getrennt werden die beiden Hauptformationen durch eine wie eine Schärpe schräg von der Balagne bei Ile-Rousse bis nahe Porto-Vecchio verlaufende, alpine Wasserscheide. Aus ihr ragen 50 Gipfel über 2000 m empor, als höchster der Monte Cinto mit 2706 m. Nordpfeiler ist der Monte Padro mit 2393 m, am Südostende erreicht der Monte Incudine noch 2134 m. Eine zentrale Senke auf etwa 800 m Höhe, dem Niolu am Fuß des Cinto, war zwischen der engen Schlucht der Scala di Santa Regina und dem Vergio-Pass bis Ende des 19. Jh. nur auf Hirtenpfaden zugänglich. In den alpinen Rücken sind zahlreiche Hochgebirgsseen eingebettet.

- **Flora und Fauna:** Das großartigste Inselgewächs ist die vor allem in Hochgebirgstälern heimische Lariciu-Kiefer, die mit geradem Stamm bis 40 m hoch werden kann. Lord Nelson ließ solche Bäume als Masten für seine Flotte schlagen. Lariciu-Samen wird exportiert. Das Gebirge ist jedoch vor allem von Dufterlen, anderen Kieferarten, Buchen und vereinzelt Zedern bewaldet. Eine Etage tiefer herrschen Eichen und Esskastanien vor, noch küstennäher dann Olivenbäume. Die Macchia greift in verschiedenen Formen vom Meer bis etwa 800 m Vorgebirgshöhe. Von den über 2000 vorkommenden Gewächsen sind 78 endemisch, also nur auf dieser Insel anzutreffen. Dies gilt auch für mehrere Tierarten, wie die Sitelle, eine Spechtmeise. Weit verbreitet sind Wildschweine, die sich auch mit frei herumlaufenden Hausschweinen mischen. Zwischen Monte Padro und Cinto sowie im Bavella-Massiv halten sich Muffel- oder Wildschafe. Es gibt noch Steinadler, Lämmergeier, zahlreiche Rotmilane und an der Westküste Fischadler. Innerhalb des Naturparks sind besonders wertvolle und gefährdete Lebensräume zusätzlich als Naturreservate geschützt.

- **Bevölkerung und Verwaltung:** Der alpine Bergrücken bildet auch die Grenze zwischen den Départements Haute-Corse (2B) mit Bastia als auch wirtschaftlich dominierendem Hauptort und Corse-du-Sud (2A) mit dem Verwaltungszentrum Ajaccio. Dort tagt seit 1982 das in allgemeiner Wahl bestimmte Regionalparlament mit 61 Abgeordneten, die Assemblée de la Corse. Es hat jedoch weit weniger Rechte als beispielsweise die Vertretung eines deutschen Bundeslandes. Der Pariser Zentralstaat wird durch je einen Präfekten in beiden Départements sowie sieben Unterpräfekten in Mikro-Regionen vertreten. In beiden Départements kümmert sich je ein gewählter Conseil Général um wirtschaftliche Fragen. Schließlich gibt es 365 Gemeinden mit je einem Bürgermeister an der Spitze. Ein enormer Verwaltungsaufwand für 277 000 Insulaner, vergleichbar mit der Einwohnerzahl beispielsweise eines Pariser Stadtviertels mit einem Gemeinderat an der Spitze. Einige korsische Ortschaften testen seit ein paar Jahren in interkommunalen Gremien Zusammenarbeit in größerem Rahmen. Etwa 20% der Einwohner sind Ausländer, die Hälfte davon Gastarbeiter aus Nordafrika.

- **Wirtschaft:** Korsika ist die am wenigsten industrialisierte Region Frankreichs, doch werden hier auch Airbus-Komponenten und Solarenergie-Anlagen gefertigt. Dafür ist der Dienstleistungssektor besonders stark entwickelt, ebenso der Verwaltungsapparat. Das Bauwesen erlebt seit Jahren einen Boom, da nicht nur Ferienanlagen und -villen entstehen, sondern auch Korsen aus Wohnenge und teils sehr alten Häusern nach mehr Eigenleben und Komfort streben. Die von der Landwirtschaft erarbeiteten Werte liegen unter dem Durchschnitt der Festlandprovinzen; exportiert werden vor allem Zitrusfrüchte und Frühgemüse von der Ostebene. Das gesamte Brutto-Inlandsprodukt liegt bei etwa 20 000 Euro pro Einwohner – gegenüber rund 26 000 für Festlandfrankreich. Tourismus wird zu einem immer stärkeren Wirtschaftsfaktor, doch lässt er sich prozentual schwer darstellen, da er indirekt auch andere Dienstleistungssparten begünstigt.

Waldbrände und verkohlte Stämme sind Alltag

und beim größten Fest ab 8. Sept. (Mariä Geburt) in Calacuccia im Niolo. Besonders aufwendig wird auch in Ajaccio Napoleons Geburtstag am 15. Aug. gefeiert.

GESUNDHEIT

Allgemeinärzte (Médecins généralistes) gibt es sogar in einigen Bergdörfern, ebenso Apotheken (Pharmacies), Fachärzte nur in den Städten und Badeorten. Das Erstattungsverfahren über den gesetzlichen Vordruck E 111 ist ziemlich umständlich, die Ärzte verlangen das Honorar – 27 bis 40 Euro – in bar. Es empfiehlt sich daher, eine kostengünstige Reiseversicherung abzuschließen.

Im Notfall und bei Unfällen leisten die Ärzte und Ambulanzen des SAMU, Tel. (gebührenfrei) 15 oder europäischer Notruf 112, erste Hilfe.

NATURPARK

Etwa ein Drittel Korsikas (350 000 ha) steht unter allgemeinem Naturschutz. Dazu gehören die Hochgebirgsregionen, aber auch die Küste samt Unterwasserwelt zwischen dem Golf von Galéria und dem von Porto sowie 143 Gemeinden. Der Parc Naturel Régional de la Corse (PNRC, 2,

Rue Sergent Casalonga, BP 417, F-20184, Ajaccio Cedex, Tel. 0495517910, www. parc-naturel-corse.com) markiert und unterhält die großen Wanderwege, wartet Berghütten, berät Wanderer, informiert über Flora und Fauna und gibt Wanderführer heraus. So über alle Trekkingetappen des GR 20 samt Detailkarten und Naturbeschreibungen, ebenso für die anderen Inselquerungen (Entre Mer et Montagne, s. Karte S. 108). Erhältlich in den Maisons de la Presse, teils auch in Supermärkten.

ÖFFNUNGSZEITEN

Supermärkte sind in der Hauptsaison werktags durchgehend von 8.30–19.30, So. bis 12.30 geöffnet, sonst 8.30–12.30 und 15.00–19.30 Uhr. Banken sind Mo.–Fr. ca. 8.15–11.45 und 14.00–16.45 Uhr geöffnet, in Städten und Badeorten findet man Geldautomaten (Distributeurs). Nur große Postämter halten durchgehend 9.00–17.00 Uhr offen, Sa. nur bis 12.00 Uhr. Bäckereien verkaufen früh oft ab 7.00 Uhr und auch So. vormittags.

RESTAURANTS

Eine kleine Auswahl:

Preise:		
€€€€	Menü	über 40 €
€€€	Menü	30–40 €
€€	Menü	20–30 €
€	Menü	unter 20 €

Ajaccio: €€€€/€€€ **Grand Café Napoléon**, Cours Napoléon, Ajaccio, Tel. 0495214254. Stilvoll modernisiertes Traditions-Restaurant mit Bar, Teesalon und beliebt-belebter Straßenterrasse.
€ **Da Mamma**, Passage Guingette zwischen Rue Fesch und Cours Napoléon, Ajaccio, Tel. 0495 213944. Idyllisch in stiller Gasse.
Bastia: €€€ **La Citadelle**, 6, Rue Dragon, Bastia, Tel. 0495314470. So. und Mo. geschl. Rustikal und trotzdem schick, in einer alten Ölmühle am Hafen.
€€€€/€€ **La Table du Marché**, Place du Marché, Bastia, Tel. 0495 316425. Wintergartensäle und Platanenterrasse für Fisch und Meeresfrüchte.
Bonifacio: €€€€/€€ **Stella d'Oro**, 7, Rue Doria, Haute Ville, Bonifacio, Tel. 0495730363. Die auf einheimische Art gefüllten Auberginen haben einen guten Ruf, ebenso die hausgemachten Nudeln.
Calvi: €€/€ **U Fornu**, Impasse Bertoni am Boulevard Wilso, Tel. 0495652760. Uriges Gassenbistro mit Fisch, Calamare und Spinnenkrebsen sowie regionalen Gerichten.
Ile-Rousse: €€/€ **Brasserie du Port**, beim Fährhafen, Ile-Rousse, Tel. 0495601066. Großzügig erweitertes Bistro mit reicher Auswahl und Blick auf Ort und Vorgebirge.
Porto: €€ **Le Sud**, Porto-Marina, Porto, Tel. 0495261411. Direkt am Fuß des Genuesenturms mit Blick auf den Golf sitzt man wie abgeschieden von der Welt. Gute Fisch- und Fleischküche und schöne offene Weine.
Porto-Vecchio: **Bar de L'Orriu**, Cours Napoléon, Porto-Vecchio (Juni–Sept), Tel. 0495 704500. Eine wahre Schatzkammer korsischer Käse und Fleischwaren. Zum Mitnehmen oder bei einem Glas Wein gleich vor Ort zu genießen.

SOUVENIRS

Zu den beliebtesten Korsika-Souvenirs gehören Macchia- und Kastanien-Honig, Olivenöl, Wein, Konfitüre, Kekse, Töpferwaren und Hirtenmesser.

Häfen und Strände auf Korsika

SPORT

Anlaufadressen für alle Sportarten und Freizeitaktivitäten im praktischen Führer ›Korsika ist das ganze Jahr über eine Reise wert‹.
Radfahren: Die Straßen sind schmal und uneben, die Berge sind steil, und trotzdem steigt die Zahl der Radfahrer auf Korsika, die auf entsprechend robusten Fahrzeugen unterwegs sind.
Reiten: Es werden vielerlei Möglichkeiten angeboten, Teile der Insel vom Pferderücken aus zu entdecken. In Lama, Sartène, Propriano, Erbalunga, Macinaggio, Monticello, Letia, Corte, St-Florent, Porto-Vecchio, Calvi, Lumio, Murato, Piedicroce, Levie und Porticcio gibt es entsprechende Reiterzentren.
Segeln: Korsika als Wetterscheide gilt als sehr attraktives, aber auch anspruchsvolles Segelrevier. Jachthäfen gibt es in St-Florent, Calvi, Cargèse, Ajaccio, Propriano, Bonifacio, Porto-Vecchio, Solenzara, Campoloro, Bastia, Pietrabungo und Macinaggio. Eine viersprachige Broschüre ›Informations pratiques‹ enthält Adressen von Segelschulen, Bootsvermietern, Infos über Ausstattung und Service der Häfen (s. Adressen).
Tauchen: Neben Wandern eine der wichtigsten Sportarten, die auf Korsika ausgeübt werden. In jedem größeren Küstenort gibt es mehrere

SPECIAL

Die Untergrund-Milizen

Ein Jahr nach dem Konflikt bei Aléria 1975 bildete sich aus einer bäuerlichen Befreiungsfront und einer studentischen Ghjustizia Paolina die erste Untergrundmiliz: der Front de Libération National Corse (FLNC). Nach Zersplitterung in ca. 20 Gruppen, mafiosen Verirrungen und teils mörderischen Bruderkämpfen blieben Ende 2005 nur der weiterhin aktive, sporadisch Anschläge auf Institutionen verübende FLNC du 22 Octobre und der ähnlich operierende FLNC Union des Combattants, dem sich 2003 Mitglieder der selbst aufgelösten Resistenza und des FLNC der Anonymen angeschlossen hatten.

Service

GESCHICHTE

- **um 8000 v. Chr.** Vom toskanischen Archipel her erreichten erste Menschen das Cap Corse. Das bezeugen Funde bei Macinaggio. Auf 6570 v. Chr. wurde das älteste bisher entdeckte Skelett datiert, nach dem Fundort ›Dame von Bonifacio‹ benannt.

- **Ab 1500 v. Chr.** Nach steinzeitlichen Kistengräbern, Dolmen (stazzone), Felsfestungen (castelli) und ›torre‹, nach Hunderten von schlanken, aus Granit gearbeiteten Menhiren, entstanden nun auch einzigartige Menhir-Statuen, die ersten noch rohen Skulpturen in Menschengröße und darüber hinaus des westlichen Abendlandes.

- **Um 565 v. Chr.** Griechen aus dem kleinasiatischen Phokäa gründeten an der Ostküste den Handelsplatz Alalia, das spätere Aleria.

- **Um 259 v. Chr.** Die Römer eroberten und zerstörten Alalia, kolonisierten die Insel, bauten ihre eigene Hafenstadt Aleria, von der aus sie Getreide, Öl, Holz, Kork, Wein, Honig, Kupfer, Salz sowie Austern und gesalzenen Fisch nach Rom verschifften. Die Corsi wurden erst 162 v. Chr. besiegt; gegen einen Tribut von 200 000 Pfund Wachs wurde ihnen Frieden zugesagt.

- **300 n. Chr.** Trotz Unterdrückung durch die Cäsaren breitete sich das Christentum aus.

- **5. Jh.** Korsikas Küstenstriche wurden von Wandalen, Ostgoten und maurischen Piraten verwüstet. Später gründeten Sarazenen (Mauren) Küstenstützpunkte und drangen bis ins Inselinnere vor.

- **Um 1020** Genua und Pisa bekämpften gemeinsam die Sarazenen, die ihren Seehandel bedrohten.

- **1077–1284** Die Stadtrepublik Pisa sorgte für eine relativ friedliche Inselepoche. Sie hinterließ bemerkenswerte Kirchen. Genua gründete die Hafen-Zitadellen Bonifacio und Calvi und besiegte den Rivalen Pisa schließlich in einer Seeschlacht.

- **Ab 1284** Genua musste seinen Inselbesitz immer wieder gegen pisatreue ›Seigneurs‹ und rebellische Corsi verteidigen. Durch Konflikte mit Venedig geschwächt, übertrug es seinen Besitz der über eigene Truppen verfügenden genuesischen Bank des hl. Georg.

- **1559–1569** Sampiero Corso aus Bastelica wurde zum Anführer der Revolte gegen die Ausbeuter aus Genua. In dieser Zeit entstand jedoch auch das Frühwarnsystem der Küstentürme zum Schutz vor den ›Barbaren‹.

- **17. Jh.** In etwa 160 ›ruhigen‹ Jahren ließen vor allem die Franziskaner zahlreiche Barockkirchen bauen.

- **Ab 1729** In zahlreichen Aufständen verlangten die Korsen Unabhängigkeit von Genua. Sie proklamierten 1736 den westfälischen Baron Theodor von Neuhoff zum ›König von Korsika‹. Doch das feudale Europa wollte keinen souveränen Inselstaat.

- **1755–1769** Unter der Führung von Pascal Paoli befreite sich Korsika und erlebte eine Zeit der Unabhängigkeit mit einer frühdemokratischen Verfassung, die u. a. der amerikanischen Unabhängigkeitserklärung als Vorbild diente. 1768 überließ das ruinierte Genua die Insel gegen einen Millionen-Kredit, den es nie zurückzahlen konnte, dem französischen Königreich.

- **1769** Am 8. Mai wurden die Paolisten von einer übermächtigen französischen Armee bei Ponte Novo geschlagen. Paoli ging nach England ins Exil. Am 15. Aug. wurde in Ajaccio Napoléon Bonaparte geboren.

- **1789–1796** Die Nationalversammlung in Paris erklärte Korsika zum Teil Frankreichs. Paoli kehrte aus dem Exil zurück, wurde in Corte zum Generalissimo der Insel mit dem Titel ›Babbu di a Patria‹ ausgerufen und vertrieb mit Hilfe einer englischen Flotte die Franzosen aus den Zitadellen. Korsika wurde unabhängiger Teil der englischen Krone, Paoli jedoch nicht, wie erhofft, Vizekönig. Enttäuscht ging er zurück nach London, wo er 1807 starb. Frankreich eroberte die Insel zurück.

- **1797** Wieder rebellierte die Bevölkerung in der Castagniccia, Napoléons Bruder Lucien unterdrückte die Revolte grausam. Damit begann die ›Francisata‹, die systematische Französisierung der Korsen. Napoléon, seit 1804 Kaiser, ließ Tausende für seine Grande Armée zwangsrekrutieren; die Entwicklung der Insel interessierte ihn nicht.

- **1814** Napoléon musste nach dem Scheitern seiner Feldzüge abdanken und ging ins Exil nach Elba. Die Bürger von Ajaccio warfen seine Büste ins Meer.

- **1830** Erste Dampfschiffe fuhren nach Bastia und Ajaccio.

- **1852** Unter Napoléon III. erlebte die Insel endlich einen wirtschaftlichen Aufschwung. In Ajaccio errichtete man Denkmäler für Napoléon I. Erste Touristen kamen.

- **1914–1918** Der Weltkrieg stürzte die Insel erneut in die Misere. Von 100 000 rekrutierten Korsen (bei nur 270 000 Einwohnern) starben 30 000 oder kehrten als Invaliden heim. Die Terrassenlandwirtschaft verfiel, mehr und mehr Korsen suchen ihr Auskommen auf dem Festland oder in den Kolonien.

- **1935** Andrea Spada, der ›letzte Bandit‹, wurde in Bastia enthauptet.

- **1942–1943** Korsika wurde von italienischen Truppen besetzt, Rückzugsgebiet deutscher Einheiten und im Sept. 1943 als erstes Département von französischen Afrika-Bataillonen und der korsischen Resistance befreit.

- **1944** Das Schwemmland der Ostküste wurde in den Folgejahren von den Amerikanern mit DDT malariafrei gemacht.

- **1962** Zahlreiche ›pieds noirs‹, französische Kolonisten aus Nordafrika, wurden nach der Unabhängigkeit Algeriens an der fruchtbaren Ostküste angesiedelt – mit Privilegien, die man den Korsen verweigerte.

- **1975** Dagegen und gegen betrügerische Praktiken dieser Kolonisten besetzten Korsen ›symbolisch‹ ein Weingut bei Aleria. Der Staat setzte Hunderte von Gendarmen gegen die kleine Gruppe ein; zwei der Polizisten wurden getötet.

- **1976** Der FLNC (Front de Libération National Corse) entstand, der ein Vierteljahrhundert lang Sprengstoffanschläge auf staatliche Institutionen, von Festlandgesellschaften erbaute Ferienanlagen und Villen von Festlandfranzosen verübte.

- **Ab 1982** Die Universität Corte wurde wiedereröffnet. Die legalen Nationalisten erreichten bei Wahlen zum Regionalparlament 20 Prozent der Stimmen.

- **2005** Zusammen mit den ›Clandestins‹, die nur noch auf ›Provokationen‹ des Staats reagieren wollen, suchen die nationalistischen Abgeordneten weiter nach einer politischen Lösung. Dazu gehört auch seit Jahrzehnten die vom Staat zugesagte ›territoriale Kontinuität‹ durch Fährverbindungen, die jedoch immer wieder durch Streiks unterbrochen wurde.

Tauchclubs, die auch ausbilden (teilw. auch Kinder ab 8 Jahren). Die Sichtweite unter Wasser beträgt im Sommer im Mittel 25 m und kann bei ruhigem Wetter bis zu 40 m reichen. Korallen, Fische und Wracks erwarten die Taucher an der Westküste.

Wandern: Über die vielfältigen Möglichkeiten informiert auch die Naturparkverwaltung (s. Naturpark).

Wintersport: Langlauf gibt es in Evisa und Zicavo, Quenza und Calacuccia, einen Ski-Lift am Col de Vergio (D 84).

TELEFON

Französische Telefonnummern sind zehnstellig, sie beginnen auf Korsika mit 0495. Bei Gesprächen ins Ausland wählt man zunächst 00 mit der Landesziffer, also für Deutschland 0049, und dann die Ortsvorwahl ohne Null. Vom Ausland erreicht man Korsika mit der Frankreichvorwahl 0033 und dann der korsischen Nummer ohne Null. Von Telefonzellen kann man nur mit Télécarte anrufen; sie sind in Postämtern und Tabac-Läden für 50 und 120 Einheiten erhältlich.

UNTERKUNFT

Auf Korsika gibt es ca. 400 Hotels, 190 Campingplätze, 37 Feriendörfer und 115 Ferienresidenzen, dazu Landherbergen (Gîtes) und Gästezimmer (Chambres d'Hôtes). Ein ausführliches und übersichtliches Unterkunftsverzeichnis (Hotels, Feriendörfer, Camping) bei der Agence du Tourisme in Ajaccio (s. Adressen). Die Preise variieren und sind in der Hochsaison Juli/Aug. bis zu doppelt so hoch wie in der Vorsaison. Hier und da gibt es auch eine variable Zwischensaison. Ferienwohnungen werden in der Saison nur wochenweise vermietet, und nicht nur besonders schön gelegene müssen für Juli und Aug. Monate vorher reserviert werden. Nov.–März sind viele Unterkünfte und auch Restaurants geschlossen.

Eine kleine Hotel-Auswahl:

Preise:		
€€€€	Doppelzimmer	über 200 €
€€€	Doppelzimmer	150–200 €
€€	Doppelzimmer	100–150 €
€	Doppelzimmer	50–100 €

Ajaccio: €€€/€ **Impérial**, 6, Bvd. Albert 1ᵉʳ, F-20000 Ajaccio, Tel. 0495215062, www.hotelimperial-ajaccio.fr. Nur ein kleiner Platz trennt dieses dem Napoleonkult frönenden Haus vom Meer.

Bastia: € **Central**, F-20200 Bastia, Tel. 0495 317112, Fax 0495318240, www.centralhotel.fr. In stiller Seitenstraße, unweit des Hafens, gepflegtes korsisches Ambiente.

Bonifacio: €€/€ **Solemar**, F-20169 Bonifacio, Nouvelle Marine Tel. 0495730108, Fax 0495731257, www.hotel-solemar.com. Auf der stillen Hafenseite mit Blick auf die Zitadelle und das bunte Treiben gegenüber.

Brando: €€/€ **Castel Brando**, Erbalunga, F-20222 Brando, Tel. 0495301030, Fax 0495339818, www.castelbrando.com. Charmantes Hotel in einem korsischen Palazzo (19. Jh.), schön renoviert und mit antiken Möbeln eingerichtet, Palmen und Pool.

Calvi: €€€€ **La Signoria**, Route de L'Aéroport, F-20260 Calvi, Tel. 0495659300, www.hotel-la-signoria.com. Herrenhaus aus dem 18. Jh. inmitten von Palmen, Kiefern, Eukalyptus und Ölbäumen. Eigenes Strandbistro und ausgezeichnete Küche sowie Pool, Sauna, Hamman und Tennis.

€€€€/€ **Le Balanea**, Rue Clemenceau, F-20260 Calvi, Tel. 0495659494, www.hotel-balanea.com. Ganzjährig Zimmer und Suiten direkt über dem Jachthafen mit Blick über die Bucht oder auf alpine Gipfel.

Corte: €€€/€ **Dominique Colonna**, Vallée de la Restonica, F-20250 Corte, Tel. 0495 452565, Fax 0495610331, ww.dominique-colonna.com. Direkt am Wildwasser, 2 km vom Zentrum.

L'Ile-Rousse: €€€€ **Perla Rossa**, 30, Rue Notre-Dame, F-20220 L'Ile-Rousse, Tel. 0495 484530, www.hotelperarossa.com. Eine wahre Perle des guten Geschmacks ist dieses jüngst eröffnete, erste 4-Sterne-Haus des Badeorts, klein, aber fein mit zehn Suiten zwischen Seepromenade und Altstadt gelegen.

SPECIAL

Die Wachttürme

Auf weit ins Meer vorgeschobenen Landspitzen stehen sie, an Hafenbuchten und sogar in Dörfern: die ab 1505 von Genua mit korsischer Fronarbeit errichteten Türme eines Frühwarnsystems vor Überfällen. 150 waren es einst, etwa 90 stehen noch, teils als Ruinen. Sichteten die Wächter eines Turms feindliche Schiffe, entfachten sie auf der Plattform ein loderndes Feuer oder eine Rauchsäule, die vom nächstgelegenen Turm wahrgenommen werden konnte. Von dort lief die Warnung auf gleiche Weise in angeblich weniger als zwei Stunden rund um die Insel. Wer die Signale sah oder den hohlen Ruf der ›culombu‹, der Tritonsmuschel, hörte, flüchtete in höher gelegene Dörfer.

Ziel nach Frust wegen erfolgloser Jagdpartien

€€/€ **Funtana Marina**, Bd. Fogata, F-20220 Ile-Rousse, Tel. 0495601612, Fax 0495603544, hotel-funtana-marina@wanadoo.fr. Rtg. Monticello. Ruhig, modern und alle Zimmer mit Balkon und Blick aufs Meer.

Porto: €€/€ **Le Belvédère**, Porto-Marina, F-20150 Porto, Tel. 0495261201, Fax 0495261197, www.hotel-le-belvedere.com. Schöner kann man in Porto nicht wohnen: Blick über Hafen, Strand und Genuesenturm, und komfortabel ist das Haus außerdem.

Porto-Vecchio: €€€€/€ **Le Goéland**, La Marine, F-20137 Porto-Vecchio, Tel. 0495 701415, Fax 0495720518, www.hotel-le-goeland.com. Günstiger liegt kein Hotel im Ort, am Golf, mit kleinem Strand, Bar und Terrasse mit Meeresblick. Zimmer mit unterschiedlichem Komfort.

Speloncato: € **A Spelunca**, Place de l'Église, F-20226 Speluncatu, Tel. 0495615038, Fax 0495615314, spelunca.hotel@freesbee.fr. Ehemalige Kardinalsresidenz im 550 m hoch gelegenen Ort an der Straße zum doppelt so hohen Pass Bocca di a Battaglia.

WETTERDATEN

Ajaccio	Tagestemp. max.	Nachttemp. min.	Wassertemp.	Tage mit Niederschlag	Sonnenstunden pro Tag
Januar	13°	3°	12°	12	4
Februar	13°	4°	12°	10	5
März	16°	5°	12°	9	6
April	18°	7°	13°	9	7
Mai	21°	10°	15°	8	9
Juni	25°	14°	18°	4	10
Juli	27°	16°	21°	1	11
August	28°	16°	22°	2	10
September	26°	15°	21°	6	8
Oktober	22°	11°	19°	10	6
November	18°	7°	17°	11	5
Dezember	15°	4°	14°	13	4

Durchschnittswerte Quelle: Deutscher Wetterdienst, Hamburg

Register

REGISTER

Fette Ziffern verweisen auf Abbildungen.

A
Agriates 27, **28**, 31
Ajaccio **62**, **63**, **64**, **65**, 65, **66**, **67**, 67, 69, 71, 75
Aléria 27, 35, **40**, 41, 45, 101
Alesani 34
Algajola **102**, 107
Alpa 38
Alta Rocca 43, 51
Aosto 35
Araggio, Castellu d' **59**, 59, 61
Aregno **98**, 107
Asco 107
Ascotal **88**

B
Balagne 93, 95, 99, 101, 103
Bastelica **71**, 71, 75
Bastia **16**, **17**, **18**, 19, **20**, 21, 31, 41, 71
Bavella, Col de **42**, 43, 45, 99
Belgodere **103**, 107
Biguglia, Étang de 31
Bocognano **70**, **71**, 73, 75
Bonifacio **6**, 23, 49, 51, **52**, 53, 55, 59, 61
Bonifatu, Cirque de **12**, 13, 93, **96**, 97, 107

C
Cala Rossa **50**, **51**, 61
Calacuccia, Stausee **76**, **77**
Calanche **78**, 79, 81, 91
Calcatoggio **10**, **11**
Calenzana 73, 97, 107
Calvi 55, 71, 73, 83, **92**, 92, **93**, 93, **94**, 95, 99, 107
Campana 38, 45
Campodonico **32**, **33**, 45
Campoloro 45
Campomoro **55**, 61
Canari **25**, 31
Canonica, Basilica la **23**, 31
Cap Corse 19, 21, **22**, 23, 25, 31, 41
Capula 59, **59**, 61
Cargèse **68**, 71, 73, 75, 97, 107
Casamaccioli 83, **85**, 85, 91
Casinca **14**, **15**, 35, 45
Castagniccia **8**, 9, **32**, **37**, **39**, 45
Castellare-di-Casinca 45
Cateri 99

Cauria...
Cauria, Megalithes de 57, 61
Centuri-Port **25**, 25, 31
Cervione **34**, 35, 45
Col de Vergio 83, **84**, 91
Conca 61, 97
Corbara **98**, 107
Corscia 91
Corte 71, 83, 85, **86**, **87**, 87, 91
Cucuruzzu, Castellu di 59, 61

D
Défilée de l'Inzecca **43**, 45

E
Eccica 69
Erbalunga **22**, 23, 31, 108
Ermitage de la Trinité **54**
Étang de Diane **40**, 45
Étang d'Urbino 45
Evisa **83**, 91

F
Fangotal 81, **82**, 91
Felce 36
Feliceto **100**, 103, 107
Ficajola **80**, **81**, 91
Figari, Flughafen 61
Filitosa 57, **58**, 61
Fontana 35
Fozzano **56**, 57, 59

G
Galéria 73, 91
Ghinosaccia 45
Ghisoni **42**, **43**, 45
Girolata 73, 91, **80**, **81**, 81, 107
Grosseto 70

H
Haut-Asco 99, 107

I
Ile de la Giraglia, 31
Ile-Rousse 99, **104**, **105**, 107, 108
Iles Lavezzi 59, 61, 81
Iles Sanguinaires 67, **68**, 75

L
La Porta **36**, 45
Lac de Capitello 91
Lac de Melo 89, 91
Lac de Nino 83, **84**, 91
Lama **29**, 29, 31

Lavasina
Lavasina 31
Levie 53, 59, 61
Lozari, Strand **102**, **103**, 107
Lumio **100**, 101, 107
Luri 31

M
Malfalco, Strand 31
Marina di Negru 24
Mausoléo 105
Miomo 22
Monte Cinto 81, 83, **89**, 91
Monte d'Oro **71**, 75
Monte Genova 28
Montegrosso **97**, **98**, 107
Montemaggiore 98
Moriani-Plage 35, 45
Morosaglia 39, 45
Murato **28**, 29, 31

N
Nebbio 27, 31
Niolo, Hochebene 81, 83, 91, 103
Nocario 45
Nonza 24, **25**, 29, 31
Notre-Dame de la Serra, Kirche 92, **98**, 107

O
Occi **100**
Olmeto 57, 61
Olmi-Cappella 105
Orezza 36, **38**, 39
Ota 91

P
Pagliaju, Alignements de 57, **58**, 61
Paglia Orba **76**, **77**, **85**
Palombaggia 61
Pastoreccia **34**, 35
Patrimonio **26**, **27**, 27, 31
Penta-di-Casinca 45
Piana **78**, **79**, 91
Piedicroce 36, 39, 45
Pigna **102**, **103**, 103, 107
Pioggiola 105
Piscia di Gallo **50**, 61
Ponte Leccia 107
Ponte Nuovo 17
Ponte Vecciu **82**, **83**
Porticcio 75
Porto 79, 81, 83, 91, 99
Porto Pollo **54**, 61
Porto-Vecchio 15, 47, **48**, **49**, 49, 51, 61, 71
Propriano 49, 61
Prunete 35, 45

R
Refuge d'Asco Stagnu 97
Refuge de Carozzu **97**
Restonicatal 87, **88**, **89**, 89, 91
Rogliano **25**, 31

S
Sagone 67, **69**, 75
Ste-Lucie-de-Tallano 61
St-Florent **27**, 29, 31, 109
Saleccia, Plage de 27, **28**, 31
San Ciprianu 61
San Petrone, Berg 45
Sant' Antonino **103**, 107
Santa-Giulia 61
Sartène 55, **56**, **57**, 61
Scala di Santa Regina 83, **85**, 91
Scandola, Naturreservat **81**, 81, 91, 107
Solenzara **40**, 45
Speloncato **101**, 103, 105, 107
Spelunca, Gorges de **82**, 91
Spin' a Cavallu **56**, 61
Suarella 68

T
Tamariccio **3**, **46**, **47**
Tavaco 72
Tavignanotal 87, **88**
Tizzano **54**, 57
Tuarelli **82**, 91

V
Val d'Ese 71, **72**, 75
Vallica 105
Vero 75
Vico **72**, 75
Vivario 70
Vizzavona **71**, 75, 99

Z
Zonza 43

ZEICHENERKLÄRUNG

Verkehr

Vier- oder mehrspurige Straße - in Bau
National- oder Staatsstraße - in Bau
Wichtige Hauptstraße - in Bau
Hauptstraße - Nebenstraße
Fahrweg (nur bedingt befahrbar) - Fußweg
Straßennummerierung
Für Wohnwagen nicht empfehlenswert, - verboten
Steigung
Kilometrierung an übrigen Straßen
Hauptbahn mit Bahnhof - Nebenbahn
Schifffahrtslinie mit Autotransport
Autoverladung
Jachthafen
Flughafen - Flugplatz - Segelflugplatz

Sehenswürdigkeiten

Sehenswerter Ort
Besonders sehenswertes Bauwerk
Sehenswertes Bauwerk
Besondere Naturensehenswürdigkeit
Sonstige Sehenswürdigkeit
Wo-gibt-es-was ? - Hinweis
Landschaftlich schöne Strecke
Naturpark, Naturschutzgebiet
Aussichtspunkt
Burg, Schloss - Ruine - Denkmal
Kloster - Ruine - Kirche - Kapelle
Tour - Funk- oder Fernsehturm

Sonstiges

Einzeln stehendes Haus, Hotel - Motel
Jugendherberge - Berghütte
Campingpl. ganzjährig, - nur im Sommer
Heilbad
Badestrand
Ländergrenze - Sperrgebiet
Wald

IMPRESSUM

4. aktualisierte Auflage 2009
Verlag: HB Verlag, Marco-Polo-Zentrum, 73760 Ostfildern, Postfach 3151, 73751 Ostfildern, Tel. 0711/4502-0, Fax 0711/4502-135, www.hb-verlag.de, info@bildatlas.de
Geschäftsführer: Dr. Thomas Brinkmann, Dr. Stephanie Mair-Huydts
© HB Verlag 2009, für den gesamten Inhalt, soweit nicht anders angegeben
Chefredaktion und Programmleitung: Rainer Eisenschmid, Birgit Borowski
Text: Gisela Buddée, Berlin
Aktualisierung 2009: Alphons Schauseil, Ville-di-Paraso/Corsica
Exklusiv-Fotografie: Thomas Peter Widmann, Regensburg
Titelbild: Bilderberg/Christophe Boisvieux
Grafische Konzeption: CYCLUS · Visuelle Kommunikation, Stuttgart
Layout: Rolf Bünermann, Gütersloh
Kartografie: © MAIRDUMONT GmbH & Co KG, Ostfildern
HB Bildatlas Fotoservice: HB Verlag, Marco-Polo-Zentrum, 73760 Ostfildern, Tel. 0711/4502-266, Fax 0711/4502-1006, a.nebel@mairdumont.com

Für die Richtigkeit der in diesem HB Bildatlas angegebenen Daten – Adressen, Öffnungszeiten, Telefonnummern usw. – kann der Verlag keine Garantie übernehmen. Nachdruck, auch auszugsweise, nur mit vorheriger Genehmigung des Verlages. Erscheinungsweise: monatlich.

Anzeigenvermarktung: MAIRDUMONT MEDIA, Tel. 0711/4502333, Fax 0711/45021012, media@mairdumont.com, http://media.mairdumont.com
Vertrieb Zeitschriftenhandel: PARTNER Medienservices GmbH, Postfach 810420, 70521 Stuttgart, Tel. 0711/7252-227, Fax 0711/7252-310
Vertrieb Abonnement: Zenit Pressevertrieb GmbH, Postfach 810640, 70523 Stuttgart, Tel. 0711/7252-265, Fax 0711/7252-333, hbverlag@zenit-presse.de
Vertrieb Buchhandel und Einzelhefte: MAIRDUMONT GmbH & Co KG, Marco-Polo-Zentrum, 73760 Ostfildern, Tel. 0711/4502-0, Fax 0711/4502-340
Reproduktionen: Otterbach Medien KG GmbH & Co., Rastatt
Druck und buchbinderische Verarbeitung: Neef + Stumme GmbH & Co. KG, Wittingen.
Printed in Germany

LIEFERBARE AUSGABEN

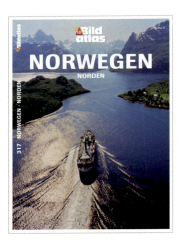
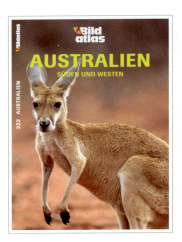

HB BILDATLAS

Deutschland

- 227 Allgäu
- 320 Altmühltal
- 316 Bayerischer Wald
- 325 Berlin
- 289 Bodensee · Oberschwaben
- 298 Brandenburg
- 296 Chiemgau · Berchtesgadener Land
- 274 Dresden · Sächsische Schweiz
- 256 Eifel · Aachen
- 260 Elbe und Weser · Bremen
- 303 Erzgebirge · Vogtland · Chemnitz
- 242 Frankfurt · Taunus · Rheingau
- 269 Fränkische Schweiz
- 324 Freiburg · Basel · Colmar
- 253 Hamburg
- 263 Harz
- 234 Hunsrück · Naheland · Rheinhessen
- 233 Leipzig · Halle · Magdeburg
- 209 Lüneburger Heide
- 285 Mainfranken
- 307 Mecklenburgische Seen
- 240 Mecklenburg-Vorpommern
- 151 Mittelfranken
- 249 Mosel
- 321 München
- 255 Münsterland · Münster
- 281 Nordseeküste · Schleswig-Holstein
- 196 Oberbayern zwischen Lech und Inn
- 271 Odenwald · Bergstraße
- 219 Osnabrücker Land · Emsland · Oldenburger Münsterland · Grafschaft Bentheim
- 211 Ostfriesland · Oldenburger Land
- 290 Ostseeküste · Mecklenburg-Vorpommern
- 277 Ostseeküste · Schleswig-Holstein
- 215 Pfalz
- 194 Potsdam · Havelland
- 243 Rhein zwischen Köln und Mainz
- 288 Rhön
- 314 Rügen · Usedom · Hiddensee
- 300 Ruhrgebiet
- 258 Sachsen
- 286 Sachsen-Anhalt
- 268 Sauerland
- 200 Schwäbische Alb
- 266 Schwarzwald · Norden
- 247 Schwarzwald · Süden
- 214 Spreewald · Lausitz · Märkisch-Oderland
- 327 Sylt · Amrum · Föhr
- 312 Teutoburger Wald
- 261 Thüringen
- 301 Thüringer Wald
- 202 Trier
- 237 Weserbergland

Benelux

- 246 Amsterdam
- 275 Niederlande

Frankreich

- 160 Atlantikküste
- 278 Bretagne
- 225 Côte d'Azur
- 222 Elsass
- 324 Freiburg · Basel · Colmar
- 221 Korsika
- 295 Normandie
- 229 Paris
- 315 Provence
- 184 Südfrankreich · Languedoc-Roussillon

Griechenland

- 193 Athen · Peloponnes
- 189 Korfu · Ionische Inseln
- 228 Kreta
- 310 Zypern

Grossbritannien · Irland

- 294 Irland
- 175 London
- 231 Nordengland
- 304 Schottland
- 241 Südengland

Italien · Malta · Kroatien

- 195 Adriaküste · Emilia Romagna
- 239 Gardasee · Trentino
- 309 Golf von Neapel · Kampanien
- 265 Italienische Riviera
- 282 Italien · Norden
- 238 Kroatische Adriaküste
- 254 Malta
- 210 Mittelitalien
- 270 Oberitalienische Seen · Mailand
- 230 Piemont · Aostatal
- 226 Rom
- 264 Sardinien
- 232 Sizilien
- 201 Süditalien: Apulien · Basilikata
- 328 Südtirol
- 267 Toskana
- 313 Venedig · Venetien

Mittel- und Osteuropa

- 292 Baltikum
- 280 Bulgarien
- 283 Danzig · Ostsee · Masuren
- 244 Polen · Süden · Breslau · Krakau
- 248 Prag
- 291 St. Petersburg
- 306 Tschechien
- 297 Ungarn

Österreich

- 293 Kärnten
- 199 Niederösterreich · Wachau
- 218 Oberösterreich
- 220 Salzburger Land · Salzkammergut · Salzburg
- 319 Tirol
- 206 Wien

Schweiz

- 324 Freiburg · Basel · Colmar
- 305 Schweiz
- 302 Tessin

Spanien · Portugal

- 236 Algarve · Lissabon
- 326 Andalusien
- 287 Barcelona
- 150 Costa Blanca
- 262 Costa Brava
- 176 Gran Canaria · Fuerteventura · Lanzarote
- 213 Ibiza · Formentera · Menorca
- 259 Kanarische Inseln
- 245 Lanzarote
- 318 Mallorca
- 203 Nordportugal
- 205 Nordspanien · Atlantikküste Jakobsweg · Galicien
- 323 Teneriffa · La Palma · La Gomera · El Hierro

Skandinavien

- 183 Bornholm
- 279 Dänemark
- 317 Norwegen · Norden
- 276 Norwegen · Süden
- 250 Schweden · Süden · Stockholm

Türkei

- 252 Türkische Mittelmeerküste

Außereuropäische Ziele

- 273 Australien Osten · Sydney
- 322 Australien Westen · Tasmanien
- 284 China
- 311 Kalifornien
- 251 Kanadas Westen
- 299 Neuseeland
- 272 New York
- 257 Südafrika

Länderübergreifende Bände

- 308 Donau
- 324 Freiburg · Basel · Colmar

HB BILDATLAS SPECIAL

Afrika · Naher Osten

- 64 Arabien: V. A. Emirate · Oman · Kuwait · Qatar · Bahrain
- 61 Namibia
- 71 Tunesien · Libyen

Europa

- 54 Madeira · Azoren · Kapverden

Süd- und Südostasien · Ferner Osten

- 10 Hongkong
- 53 Indien: Rajasthan · Delhi · Agra
- 69 Philippinen
- 70 Thailand

Süd- und Mittelamerika · Karibik

- 57 Chile
- 55 Dominikanische Republik · Haiti
- 60 Jamaika
- 65 Kleine Antillen: Antigua Guadeloupe · Martinique · Barbados u. a.
- 73 Mexiko

USA · Kanada

- 58 Alaska
- 62 Florida
- 68 Las Vegas · Grand Canyon
- 56 Nordwesten: Washington · Oregon
- 59 Texas